Beste Birnen bei Hofe

Potsdamer Pomologische Geschichten

Lutz Grope
Marina Heilmeyer
Gerd Schurig
Clemens Alexander Wimmer

vacat

Inhalt

Einleitung

Wie das Sprichwort sagt, Birnen kann man nicht mit Äpfeln vergleichen. Birnen sind in vielerlei Hinsicht anders. Sie bieten ein wesentlich größeres Spektrum unterschiedlicher Sorten mit einer faszinierenden Vielfalt von Geschmacksnuancen. Allerdings lassen sie sich nicht so gut lagern wie Äpfel, da sie ihren vollen Geschmack erst entfalten, wenn sie reif, saftig, süß und entsprechend empfindlich geworden sind. Birnbäume lieben angenehme Temperaturen. Daher liegen ihre Anbauschwerpunkte in den wärmeren Regionen Europas, und sie sind im Norden kostbarer und seltener. Zudem werden die Bäume größer und viel älter als die Apfelbäume und prägen besonders in Brandenburg an verschiedenen Stellen als schöne Naturdenkmale die Landschaft. Auffallend ist das reine Weiß ihrer weithin leuchtenden Blüten mit den kräftig roten Staubgefäßen.

Blüte einer 'Guten Luise von Avranches' am Klausberg in Sanssouci

Die Vor- und Frühgeschichte der Birnen

Die Vorfahren der heutigen Birnen stammen aus dem Kaukasus. Hier wuchsen sie in weit ausgedehnten Obstwäldern, die in Teilen heute noch vorhanden sind und den Forschern die Möglichkeit bieten, hier viele Stadien ihrer Kulturentwicklung zu beobachten.[1]

Säugetiere und Vögel haben schon sehr früh für eine Verbreitung der Birnen nach Westen gesorgt. Der Mensch, der in der Jungsteinzeit (Neolithikum) ab 5000 v. Chr. in ersten Siedlungen am nördlichen und südlichen Alpenrand Mitteleuropas in Pfahlbauten lebte, kannte und nutzte bereits die Holzbirne (*Pyrus pyraster* (L.) Burgsd.), wie Reste kleiner kugeliger und länglicher Früchte belegen.

In der Bronzezeit, ab 1900 v. Chr., muß es in Griechenland bereits so große Bestände von wilden Birnbäumen gegeben haben, daß in ersten schriftlichen Quellen des 6. Jahrhunderts v. Chr. der südliche Teil des Landes, die Peloponnes, als ›Birnenland‹ oder Απια bezeichnet wurde.[2] Hier erinnerte man sich bei jährlich stattfindenden Festen mit einem ›Birnenwerfen‹ genannten Spiel dankbar dieser Früchte als einer Gabe der Götter, die den Vorfahren als erste Nahrung gedient hatte.[3]

So war auch eines der ältesten erwähnten Götterbilder, eine Statue der Hera, der wichtigsten weiblichen Gottheit der griechischen Mythologie, aus dem Holz eines wilden Birnbaums gefertigt.[4]

Der wilde und dornige Birnbaum wird bei den Griechen bereits im Gegensatz zum kultivierten Birnbaum genannt, dessen wohlschmeckende Früchte im paradiesischen Garten des Kö-

Birnbaum, aus der Casa del Frutteto in Pompeji, um 50 n. Chr.

nigs der Phäaken, Alkinoos, reiften, von dem in Homers *Odyssee* erzählt wird.[5]

Wohl wegen seiner Dornen wurde der wilde Birnbaum als ein unglücklicher Baum bezeichnet, der saftigere und duftende Früchte tragende kultivierte Birnbaum hingegen galt als ein glücklicher Baum.[6] Beide Arten sind noch heute in großer Vielfalt an den Berghängen Arkadiens zu finden.

Erste überlieferte naturwissenschaftliche Schriften des 3. Jahrhunderts v. Chr. zählen bereits zehn verschiedene Sorten von kultivierten Birnen auf,[7] die als Vorrat getrocknet, zu Wein verarbeitet, gekocht und auch als Arznei verwendet wurden.

Die Römer als begeisterte Verehrer Pomonas trieben dann die Kunst der Kultivierung der Obstbäume, und hier auch der Birnen, weiter voran. Plinius d. Ä. beschreibt um 50 n. Chr. 35 verschiedene Sorten. Seine Ordnung nach den Reifezeiten wird vorbildlich für viele spätere Abhandlungen über Birnen. Ebenso die Art der Benennung der einzelnen Sorten nach ihren Züchtern, nach den Herkunftsorten oder zu Ehren von Mitgliedern der kaiserlichen Familie sowie besonderer Persönlichkeiten.

Den Römern verdanken wir auch das deutsche Wort ›Birne‹, das sich vom lateinischen *pirus* (Birnbaum) und *pirum* (Birne) über das mittelalterliche Latein der Klosterbrüder zu *pira*, *bira* und *biraboum* und endlich zu Birnbaum und Birne gewandelt hat.

Die Römer werden auch die Birnen wie Kirschen, Äpfel und Melonen nach Norden mitgenommen haben und als Meister der Kunst des Okulierens, die sie waren, die Reiser ihrer kultivierten Sorten auf die in Germanien vorhandenen Holzbirnen

Sprichwort

Wer Birnbrot schon vor Weihnachten ißt, bekommt Eselsohren.

gepfropft haben, auch wenn hier genauere Berichte oder Funde bisher fehlen. Jedenfalls sind Birnbäume, und hier kann es sich nur um Exemplare mit wohlschmeckenden Früchten handeln, in den Anweisungen Karls des Großen für Gartenbesitzer, seinem *capitulare de villis*, ebenso gefordert, wie sie auf dem St. Galler Klosterplan von 820 verzeichnet sind.

Um 1200 empfiehlt der Naturforscher und Theologe Albertus Magnus in seinen Anleitungen zur Anlage von Lustgärten den Birnbaum als einen Baum *»süßer Natur«*, der mit seinem angenehmen Schatten dem Menschen Gutes tut, im Gegensatz zu *»bitteren«* Bäumen wie dem Walnußbaum, dessen Schatten beim Menschen Schwächezustände hervorrufen könne.[8]

In der ersten europäischen Schule für Mediziner, im süditalienischen Salerno, entsteht in dieser Zeit ein Lehrgedicht,[9] das der Gesundheit von Leib und Seele und ihrer Erhaltung dienen sollte. Über den Birnbaum und seine Früchte ist hier folgendes nachzulesen:

Es trägt unsere Birnen der Birnbaum,
aber ohne Wein sind Birnen Gift;
Wenn die Birnen Gift sind, sei der Birnbaum verdammt!
Indem man sie kocht, sind Birnen ein Gegengift,
nur roh sind sie giftig:
Roh beschweren sie den Magen,
aber gekocht heben sie die Beschwerden wieder auf.

(Fert pyra nostra pyrus, sine vino sunt pyra virus:
Si pyra sunt virus, sit maledicta pyrus.
Dum coquis antidotum pyra sunt, sed cruda venenus:
Cruda gravant stomachum, relevant sed cocta gravatum.)

Als ›Pira‹ bezeichneter Birnbaum (aus: *Theatrum Sanitatis,* 1426)

Sprichwort

Das Fieber läßt nach, wenn man dreimal rückwärts um einen Birnbaum läuft.

Der Verzehr von Rohem war lange Zeit nicht sonderlich beliebt. Die Verse aus Salerno zitierend, schreibt noch 1595 Pfarrer Johann Cöler in Brandenburg: »*Doch ist gekocht Obst so schedlich nicht/ als wenn mans roh isset. Wer Opffel vnd Birnen roh essen will/ der trincke bald einen guten alten wolriechenden Wein drauff/ der ihn wider erwermet/ Böse flatus austreibet/ vnnd fein subtile gesunde spiritus gibt/ sonsten geben Pirne viel Winde/ und kann leichtlich Colicam passionem davon bekommen.*«[10]

Birnbaum und Fuchs (aus: Adam Lonitzer, *Kreuterbuch,* 1770)

Wildbirnen in der Mark

Auf die Bedeutung von Birnen weisen Ortsnamen wie Crussow und Criewen (beide Uckermark) hin, in denen sich die slawischen Worte *grusza* oder *krusza* für Birne widerspiegeln, und auch hinter deutschen Ortsnamen wie Beerbaum (Märkisch-Oderland), Beerenbusch (Ostprignitz) und Beerfelde (Oder-Spree) versteckt sich das Wort Birne. In der freien Landschaft, in Guts- und Bauerngärten finden sich beeindruckende Birnbaumgestalten, die nicht selten ein Lebensalter von 100, manchmal sogar von mehr als 200 Jahren erreicht haben. Da fast alle Vertreter der Gattung *Pyrus* uneingeschränkt untereinander kreuzbar sind, tritt schon in der freien Natur eine beeindruckende Formenvielfalt bei den durch Samen vermehrten Birnbäumen auf.

Ohne Zutun des Menschen können sie aus dreierlei Kreuzungen entstehen: Kulturbirne × Wildbirne, Kulturbirnen untereinander und Wildbirnen untereinander. Obwohl es sich im botanischen Sinn nicht mehr um ›Wildbirnen‹ (*Pyrus pyraster*) handelt, werden sie allgemein noch so bezeichnet.

Diese in Brandenburg und anderen Bundesländern anzutreffenden Wildbirnen prägen mit ihren eindrucksvollen Gestalten, ihrem rein weißen Blütenkleid und ihrem leuchtend roten Herbstlaub die Landschaft. Die Früchte spielen heute keine Rolle mehr in der menschlichen Ernährung, dienen aber dem Wild als Speise. Nicht zuletzt deshalb wurden und werden Wildbirnensämlinge in die freie Natur gepflanzt.

In Brandenburg werden die Wildbirnen ›Knöddelbirnen‹, ›Kniddeln‹ oder ›Koddeln‹ genannt. Ihr Holz ist als Furnierholz,

Wildbirnen

als Holz für die Herstellung von Flöten und Meßinstrumenten ebenso gesucht wie zur Fertigung von Druckstöcken und Obstpressen. Wildbirnen sind viel weniger frostempfindlich als die meist aus Frankreich oder Belgien stammenden neueren Tafelbirnen. Alle über 75 Jahre alten Birnbäume in Deutschland haben den dramatischen Frostwinter 1928/29 überstanden, als die Temperaturen bis auf –31 Grad Celsius fielen. Damals erfroren zum Beispiel in Mecklenburg elf Prozent der Birnbäume.

- Ein mehr als 200 Jahre alter Birnbaum, der diesen Winter überlebt hat und mit einem Stammumfang von nahezu fünf Metern beeindruckt, ist auf der Insel Werder im Liepnitzsee bei Bernau (Barnim) zu entdecken.
- Vermutlich ebenso alt sind die Birnbäume bei Pehlitz auf der Halbinsel Pehlitzwerder im Parsteiner See (Barnim).
- Zahlreiche nicht so alte, aber durch ihre Blütenfülle, Fruchtbehang und Laubfärbung eindrucksvolle Wildbirnen gibt es in der Endmoränenlandschaft um Brodowin. Ihre Baum-, Frucht- und Blattmerkmale deuten auf Verwilderung hin.
- Der vermutlich stärkste Wildbirnenbaum der Mark befindet sich nahe Wulkow (Märkisch-Oderland). Er ist zweistämmig und hat 3,48 bzw. 2,95 Meter Stammumfang. Die Kronenhöhe liegt bei 24 Meter, die Breite erreicht 20 Meter. Die duftenden kleinen Früchte des vitalen, etwa 120 Jahre alten Baumes sind an beiden Stämmen unterschiedlich geformt und haben ein ausgeprägtes Birnenaroma.

Blühende Wildbirne auf dem Pehlitzwerder

Wildbirnen bei Brodowin

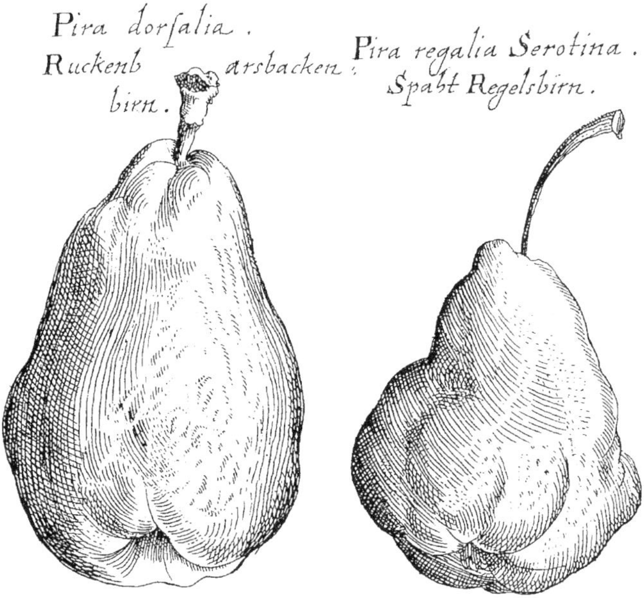

›Arsbackenbirne‹ und 'Winterapothekerbirne'
(Johnston nach Bauhin 1598)

Erste Birnensorten

Der Botaniker Valerius Cordus lernte auf seinen Wanderungen um 1530 in Mitteldeutschland 50 Birnensorten kennen, die er einzeln beschreibt. Von diesen Birnen sind nur wenige, wie zum Beispiel die 'Regelsbirne' oder 'Winterapothekerbirne', 'Schmalzbirne' und 'Jungfrauenbirne', identifizierbar mit heute noch vorhandenen Sorten. Die meisten sind verschollen.

● Da Cordus alle Birnen, die er fand, gekostet hat, gehören seine 1561 gedruckten Beschreibungen zu den wenigen Quellen, die über deren mehr oder weniger guten Geschmack berichten. Manche Birnennamen der Zeit drücken unverkennbar die Ungenießbarkeit der rohen Früchte aus wie 'Brechbirne', 'Kochbirne', 'Mehlbirne', 'Sauerbirne', 'Strengling', 'Weibersterben', 'Weingifter' und 'Würgbirne'. Adstringierend war auch die ['Römische'] 'Schmalzbirne', obwohl sie in vollreifem Zustand wie Schmalz im Munde zergeht. Nur leicht adstringierend und süß schmeckten 'Schafbirne' (Frankenberg) und 'Wachsbirne' (Marburg), lieblich schmeckten 'Zuckerbirne' (Eisleben), 'Kirchmeßbirne' (Wittenberg), 'Regelbirne' (Hildesheim), 'Rostbirne' und 'Trinkbirne' (beide Eisleben). Sehr süßen Geschmack hatten 'Margarethenbirne' (Braunschweig), 'Kleine Honigbirne' (Hessen) und 'Kleine Muskateller' (Meißen). In ihrem guten Geschmack übertraf die verbreitete 'Pfalzgrafenbirne' ('Rote Pfalzgräfin') alle anderen.

● Aus dem süddeutschen Raum sind mehr Quellen mit Sortennamen bekannt als aus dem nördlichen Deutschland. Johann Cöler beschreibt 1595 für Brandenburg: *»Es sind mancherley arten der Birnen: als Honigbirn/Speckbirn/Waldbirn/Winterbirn/*

Muscatellerbirn / Parißbirn / Pfaltzgrawerbirn / Haferbirn / Zappenbirn / da mag im nu einer die besten auslesen / vnnd dieselben in seinem Garten zeugen / daß er nach essens / oder sonsten zu seiner notturfft derselben geniessen kann.«[11]

● Anscheinend wurden Birnen erst im 17. Jahrhundert in Deutschland auch in rohem Zustand genießbar und gut. Diese Steigerung der Qualität wird in Brandenburg meist den Hugenotten zugeschrieben, welche nach dem Potsdamer Edikt von 1685 ins Land kamen. Doch läßt sich nachweisen, daß bereits vor ihrer Ankunft französische Sorten und Anbaumethoden bekannt waren.

Potsdamer Birnen heute, darunter in der Mitte (gelb und rund) eine alte Wirtschaftssorte von einer ausgetriebenen Unterlage

Die Birnen von Ribbeck im Havelland

Jahre bevor der ›Wanderer in der Mark‹, Theodor Fontane, sein berühmtes Gedicht über Herrn Ribbeck und den Birnbaum im Havelland schrieb, bestaunte er im Mai 1862 schon einen anderen alten Birnbaum im Garten des Pastors Schmidt von Werneuchen, der »*damals als einer der ältesten in den brandenburgischen Marken galt*« und erst 1950 gefällt wurde. Leider verschweigt Fontane den Sortennamen dieser Birne. Dagegen verewigt er in seiner 1885 erschienenen Kriminalnovelle *Unterm Birnbaum* eine dort 'Malvasierbirne' ['Sommerapothekerbirne'] genannte Sorte: »*Er sann ängstlich nach und fuhr aus seinem Sinnen erst auf, als er, ein paar Schritte von sich entfernt, eine große, durch ihre Schwere und Reife sich von selbst ablösende Malvasierbirne mit eigentümlich dumpfem Ton aufklatschen hörte.*«

Sprichwort

Gibt es viele Birnen, gibt es im nächsten Jahr viele Mädchen.

● Dieser Baum stand im Garten des Gasthofbesitzers Fitting in Letschin im Oderbruch und wurde hier auch einfach nur als 'Franzosenbirne' bezeichnet. Mit der Reifezeitangabe nahm es Fontane offenbar nicht so genau, denn er läßt in der Novelle die Früchte erst Mitte Oktober reifen, obwohl die 'Sommerapothekerbirne' bereits im September und zuweilen schon im August reift.

● Der altersweise Fontane griff mit 79 Jahren im Mai/Juni 1889 die in Ribbeck umgehende Sage über einen aus der Gruft des Hans Georg von Ribbeck (1689–1759) herauswachsenden Birnbaums auf, der den Kindern des Ortes, ganz im Sinne des Beigesetzten, noch nach dessen Tod, in jedem Jahr reichlich Birnen schenkte. Dies wurde der Sage nach durch den Weitblick des alten Ribbeck möglich, der in der Ahnung des nahenden Todes einige Birnenfrüchte, wie er sie zu Lebzeiten den Kindern gerne schenkte, mit der Absicht in seine Rocktaschen steckte, dass ihre Samen nach seinem Tode darin keimen und als Sämlinge aus der Gruft heraus zu einem neuen Birnbaum heranwachsen würden.

● Der unmittelbar an der Gruft emporwachsende, die Sage begründende ›erste‹ Baum erweckte tatsächlich den Eindruck, daß er direkt aus dieser hervorgewachsen sei. Allerdings waren seine Früchte die in Ribbeck ›Koddeln‹ genannten Holz- oder wilden Birnen und nicht die vom Dichter gelobten »*weit und breit leuchtenden*« und sicher auch wohlschmeckenden aus des alten Ribbecks Garten. Um einen solchen Baum zu erhalten, der nach seinem Tode sortenreine Früchte tragen würde, hätte Ribbeck einen entsprechend veredelten Baum pflanzen lassen müssen.

● Am 20. Februar 1911 brach der damals 120 bis 150 Jahre alte ›erste‹ Birnbaum in Ribbeck durch einen Orkan kurz über der Wurzel ab.

● Die »*Säuernis*« seiner »*Kodden*« genannten Früchte hätte »*auch das größte Loch im Strumpf zusammen gezogen*«, so schrieb der damalige Pfarrer Carl Boelcke.

● Ein etwa 80 cm langes Stück der Stammbasis ist in der Kirche zu Ribbeck ausgestellt. Hier kann man auch erfahren, daß bereits 14 Jahre vor Fontane, 1875, Auguste Hertha von Witzleben ein Gedicht über die Sage vom Birnbaum verfaßt hat:
»*Zu Ribbeck an der Kirche / ein alter Birnbaum steht …*«

Stammrest des von Fontane beschriebenen Birnbaums in Ribbeck

● Da zwei Wurzelschosse des 1911 gestürzten Baumes nicht am Leben erhalten werden konnten, wurde 1912 der ›zweite‹ Birnbaum gepflanzt. Dieser zweite fiel 1936 der Säge unbekannter Baumfrevler zum Opfer. Nun bekam erneut ein Wildling als ›Birnbaum Nr. 3‹ seine Chance, konnte aber weder als eindrucksvoller, noch als reichlich fruchtender Baum an das anknüpfen, was sein sagenumwobener Vorgänger Jahre zuvor zeigte. Ein Naturfreund pfropfte ihm deshalb 1994 Reiser der 1864 in Frankreich gefundenen Sorte 'Triumph von Vienne' auf, doch trotz Blütenfülle blieb die Anzahl der Früchte gering. So kam der Wunsch nach einem vierten Baum auf, und am 15. April 2000 wurde eine 'Kirchensaller Mostbirne' gepflanzt, deren herb-süße Früchte so goldgelb leuchten wie in Fontanes Gedicht beschrieben.

Der vierte Birnbaum an der Kirche von Ribbeck

Madonna, Kind und Birnen, Domenico Morone, Verona, 1484

Die Birne in der Kunst

In den vom Klima besonders für den Obstanbau begünstigten Regionen Oberitaliens wurden seit der Antike Birnen gezogen.

● Hier im Norden Italiens zeigt sich auch in der Kunstgeschichte eine besondere Vorliebe für Pflanzen, die hier früher wissenschaftlich erforscht und künstlerisch dargestellt werden als im übrigen Land. Naturbeobachtungen von großer Genauigkeit und wunderbarer Frische beglücken auch auf den Andachtsbildern, die hier im 15. Jahrhundert entstehen. So zeigt das 1484 gemalte Madonnenbild des Domenico Morone (Verona, 1442–1518) ein Kind, das mit einer Hand segnet, während es in der anderen ein Paar herrlicher Birnen hält.

● Birnen, denen hier ein symbolischer Sinngehalt zukommt, finden sich schon auf den Gemälden Giovanni Bellinis, zu dessen Schülerkreis Morone gehörte. Jede Frucht versteht sich auf diesen Andachtsbildern als Zeichen der Fruchtbarkeit und in Bezug auf die Gottesmutter als Zitat des biblischen Psalms »*Gebenedeit sei die Frucht deines Leibes für alle Nachkommen.*« Die süßen Birnen lassen sich hier aber auch als Hinweis auf die Menschwerdung des Gottessohnes und Symbol der Erlösung deuten.

Wenn sich auf dem 1682 datierten Stilleben des Malers Georg Hinz (Hamburg, 1630–1688) Insekten auf den Früchten niederlassen, so ist dies ein Hinweis auf die Vergänglichkeit aller irdischen Dinge. Vordergründig sind die vor dem prachtvollen, einer Kunstkammer würdigen Elfenbeinpokal arrangierten Birnen in ihrer verführerischen Schönheit anschaulich vor Augen geführt. Mit Hilfe eines edlen Obstmessers sind sie halbiert und in Viertel und Achtel zerschnitten und sollen wohl auf den Bibelvers hinweisen: »*Wer da schneidet, der empfängt Lohn und sammelt Frucht zum ewigen Leben.*« (Joh. 4, 36). In der Kombination mit dem Weinglas im Hintergrund meint man fast, dem Zitat der Weisheiten der Medizinschule von Salerno erneut zu begegnen (siehe S. 10), daß rohe Birnen nur zu genießen sind, wenn man guten Wein dazu trinkt. Vom in der Symbolik bewanderten Betrachter wird der Wein aber als eucharistisches Motiv verstanden worden sein, das Tod und Auferstehung versinnbildlichen soll.

Birnen vor Elfenbeinpokal, Georg Hinz, 1682

Birnen in der Küche

Spannenlanger
Hansel,
nudeldicke Dirn,
gehen wir
in den Garten,
schütteln
wir die Birn.

Auf kostbarem Tafelgeschirr präsentiert um 1600 der Maler Georg Flegel Birnen neben kostbaren, exportierten Früchten als Delikatessen zum Dessert. Die Leidenschaft für luxuriöse Spezereien war in den Kreisen der Adeligen und reichen Kaufherren gerade erst entdeckt worden. Auf denen in ihrer Bedeutung durchaus ambivalenten ›Mahlzeiten-Bildern‹ konnten die Birnen nicht nur als wohlschmeckender Nachtisch verstanden werden, sondern auch als Hinweis auf den Sündenfall im Paradies und als versteckte Mahnung, sich den Gefahren der Maßlosigkeit und sinnlichen Begierde nicht blind hinzugeben.

Dessertstilleben, Georg Flegel, um 1600

Rezepte

Birnen haben einen größeren Zuckergehalt als Äpfel und sind dadurch nahrhafter. Da sie aber etwas mehr unverdauliche Stoffe enthalten, sind sie weniger bekömmlich als die Äpfel.

- Birnen wurden bei den antiken Festgelagen in Wasser aufgetragen, und es wird berichtet, daß die Gäste eifrig versuchten, sich die reifste Birne zu angeln.[12]
- Während die Mediziner von Salerno im 12. Jahrhundert empfahlen, Birnen nicht ohne Wein zu genießen, raten die Autoren eines Ratgebers aus dem ersten Viertel des 15. Jahrhunderts, nach den Birnen etwas Knoblauch zu essen.[13]

Anleitungen zum Tranchieren von Früchten (aus: Andreas Glorez, *Vollständige Hauß- und Landbibliothec*, 1699/1700)

Birnen-Patina

Patina de piris

Aus dem Kochbuch des Apicius, 1. Jh. n. Chr.

(*Patinae* sind unseren Soufflés ähnliche, aus der Antike überlieferte Gerichte, die ihren Namen nach den Gefäßen, in denen sie zubereitet wurden, erhalten haben).

1 kg Birnen,
Pfeffer, Kümmel, Honig,
Passum (eingekochter, süßer Wein, z. B. Tokayer),
Liquamen (Salz-Fischsud; kann durch Salz ersetzt werden),
Öl, 2–3 Eier, Fett für die Form

'Crassane' (aus: Duhamel 1807–1835)

Birnen vierteln, das Gehäuse und den Stiel entfernen. In Wasser weich kochen, dann passieren und mit Pfeffer, Kümmel, Honig, Passum und Liquamen würzen. Etwas Öl zufügen.
Die Eigelb unter das Püree ziehen und den steif geschlagenen Eischnee unterheben.
In einer gefetteten feuerfesten Form im Backofen bei 180 °C 30 Minuten backen.

Birnbrot oder Weihnachtsbrot

Altes Klosterrezept

250 g getrocknete Birnen,
250 g Brotteig, 125 g Dörrzwetschen,
125 g getrocknete Feigen, 60 g Rosinen,
30 g Zucker, 50 g gehackte Nüsse, 50 g gehackte Mandeln,
60 g Zitronat, 60 g Orangeat, 6 cl Kirschwasser,
Zimt, Sternanis, Nelke

'Catillac', Birnensorte zum Trocknen, (aus: Duhamel 1807–1835)

Birnen und Zwetschen in kochendem Wasser aufweichen, abtropfen lassen und grob hacken. Die Rosinen, Feigen, Orangeat, Zitronat zugeben und gut vermischen. Mit dem Kirschwasser über Nacht ziehen lassen. Nüsse, Mandeln, Zucker und Gewürze zugeben, mit dem Brotteig vermengen und gut verarbeiten. Ein Brot formen und die Oberfläche mit Mandeln und Nüssen bestecken. Bei mittlerer Hitze im Backofen etwa 40 Minuten backen.

Mit Birnen gefüllte Wachteln

»Gebratene Vögel, gefüllet in der Würze«
Aus dem Hausvaterbuch des Johann Cöler, 1595
(modifiziert für die moderne Küche)

6 Wachteln,
120 g durchwachsener Speck,
250 g rohen Speck in dünne Scheiben geschnitten,
4 Birnen, Petersilie, Rosinen, Ingwer,
Safran, Muskatblüte, Sahne, 150 g Butter, Salz, Pfeffer

'Speckbirn' (aus: Zinck 1766)

Die Wachteln säubern, salzen und pfeffern und dann mit folgender Farce füllen:
Birnen schälen und entkernen, Speck würfeln, Petersilie klein schneiden, alles mit den Rosinen vermischen und die Vögel mit dieser Mischung füllen. Zunähen, mit den Speckscheiben umwickeln, und rasch in heißer Butter rund herum anbraten. Den Kognak zugeben und zugedeckt 5 Minuten braten lassen. Dann 1/8 Liter Flüssigkeit zugeben und weitere 30 Minuten bei schwacher Hitze garen. Die Sauce mit süßer Sahne, Ingwer, Safran und Muskatblüte abschmecken.

Birnenpyramide für eine Festtafel

Aus Johann Sigismund Elsholtz' Tischbuch, 1682

Birnen schälen und in einen Topf schichten. Auf 1 Pfund Birnen 1/4 Pfund Zucker rechnen. Und 1/4 Liter guter Rotwein. Soviel Wasser zugeben, daß die Früchte bedeckt sind. Mit einem Topfdeckel schließen und bei wenig Hitze zum Kochen bringen. Vorsichtig umrühren, damit sich die Früchte nicht am Topfboden festsetzen. Nach der Hälfte der Garzeit Nelke und Zimt zugeben und noch einmal aufkochen, bis die Flüssigkeit zu Sirup wird.

Sollen die Birnen eine Festtafel schmücken, muß man sie fein zierlich in Form einer Rose auf eine Schüssel legen, eine über die andere, wie eine Pyramide. Den etwas erkalteten Sirup so darüber gießen, daß alle Früchte befeuchtet werden.

Anleitungen zum Tranchieren von Früchten (aus: Andreas Glorez, *Vollständige Hauß- und Landbibliothec*, 1699/1700)

Weiße Birnen in Zucker und Essig

Henriette Davidis, 1874

9 Pfund Birnen ('Bergamotten'),
3 Pfund Zucker, 1 ½ Liter Weinessig, 8 g Zimt,
Schale einer Zitrone

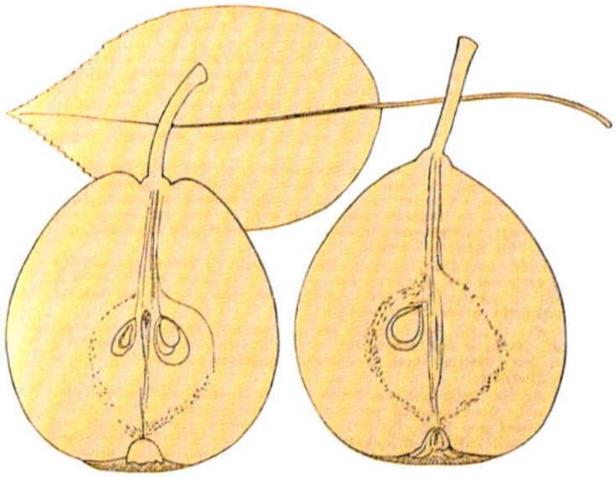

'Doppelte Bergamotte' (aus: Oberdieck, *Illustrirtes Handbuch der Obstkunde*)

Die Birnen sollten mürbe sein. Sie werden geschält, halbiert und, nachdem das Kerngehäuse entfernt ist, rasch in kaltes Wasser mit etwas Zitronensaft geworfen, damit sie weiß bleiben. Unterdessen schäume man Zucker und Essig auf und lege so viele Birnen hinein, als neben einander liegen können, gebe das Gewürz hinein und koche sie auf lebhaftem Feuer, bis sie leicht zu durchstechen sind. Nun lege man sie, die runde Seite nach oben, in ein Glasgefäß und gieße den dicklich eingekochten Saft darüber. Man lasse sie einige Tage stehen, koche dann den Essig nochmals stark ein und gieße ihn wieder über die Birnen. Die Früchte müssen ganz mit Flüssigkeit bedeckt sein. Mit Pergamentpapier abdecken und aufbewahren.
Wunderbare Beilage zu Wild und Rindfleisch.

Birnenauflauf mit Speck

100 g Butter, 150 g Zucker, Vanilleschote, 3 Eier, 3 Eßlöffel Milch, 200 g Mehl, 55 g Mondamin, 1 Teelöffel Backpulver, 2 Eßlöffel Zitronensaft, abgeriebene Schale einer unbehandelten Zitrone, 1 Prise Salz, 200 g Frühstückspeck, 1 ½ kg Birnen ('Gute Luise von Avranches'), 1 Zimtstange

'Wahre Gute Luise' (aus: Duhamel 1807–1835)

Ausgekratzte Vanilleschote mit dem Zucker mischen, mit den Eiern und der Butter schaumig rühren, Mehl, 50 g Mondamin, Zitronenschale und das Salz mischen und unterrühren. In einer feuerfesten Form 150 g Speck glasig dünsten, die Birnen schälen, halbieren, das Kerngehäuse ausschneiden und 1 kg der Früchte über den Speck schichten. Teig darüber füllen, den restlichen Speck obenauflegen und im Backofen bei 200 °C (Gas Stufe 3) etwa 45 Minuten backen.

Restliche Birnen in Würfel schneiden, mit der Zimtstange, dem Zitronensaft, dem restlichen Zucker und der Zitronenschale etwa 10 Minuten kochen. Die Hälfte der Birnen passieren, 5 g Mondamin anrühren, alles zum Birnenkompott zugeben und noch einmal aufkochen und extra zum Auflauf servieren.

Birnen, Bohnen und Speck

500 g durchwachsener Speck,
¾ Liter Wasser,
1 kg grüne Bohnen,
500 g kleine Kochbirnen,
Pfeffer,
3 Teelöffel Speisestärke,
1 Bund Petersilie

'Grüne Kochbirne' (aus: *Allgemeines Teutsches Garten-Magazin* 1811)

Speck in kochendes Wasser geben, 15 Minuten kochen lassen, dann die gewaschenen, gefädelten und in Stücke gebrochenen Bohnen zugeben, 15 Minuten weiter kochen. Die gewaschenen Birnen ungeschält, mit Stiel dazugeben. In weiteren 20 Minuten garkochen. Speck und Birnen auf einer Platte anrichten, die Bohnen abschmecken, mit Speisestärke binden und mit Petersilie bestreuen.

Birnensenf

3 Birnen,
1 Eßlöffel Zitronensaft,
1/8 Liter trockener Weißwein,
1/2 Liter Wasser,
5 Eßlöffel mittelscharfer Senf,
1 Teelöffel Birnenbrand,
1 Prise Zimt,
1 Teelöffel Zucker

'Pfundsbirne' (aus: Duhamel 1807–1835)

Birnen schälen, halbieren und das Kerngehäuse entfernen. In Wasser, Weißwein und Zitronensaft 10 Minuten dünsten. Vier Birnenhälften pürieren, mit dem Senf, Schnaps, Zucker und Zimt vermischen. Die restlichen Birnen fein würfeln und untermischen.
Zu Fondue oder zu Lammwürsten reichen.

Birnen mit Schokolade

8 kleine saftige Birnen,
1 Vanilleschote,
100 g Zucker,
1 Liter Wasser,
100 g Schokolade,
25 g Butter,
100 g Sahne

'Martin Sec' (aus: Duhamel 1807–1835)

Birnen schälen, halbieren, Kerngehäuse entfernen. Vanilleschote auskratzen und mit dem Zucker im Wasser aufkochen, die Birnen zugeben und fünf Minuten dünsten. Birnen herausnehmen, den Saft etwas einkochen lassen, dann die geriebene Schokolade und die Butter zufügen und zergehen lassen. Etwas süße Sahne unterrühren, erkalten lassen und über die Birnen gießen.

Birnen im Schlafrock

6 reife Birnen ('Herrenbirnen'),
1 El Zitronensaft, 1 Eigelb, 1 Eßlöffel Milch,
200 g Walnußkerne, 200 g Marzipanrohmasse,
4 Eßlöffel Cognac, 1 Packet Blätterteig

'Herrenbirne' (aus: Knorr, *Regnum florae*, 1750)

Walnußkerne hacken und mit dem Marzipan und Cognac verkneten. Birnen schälen und so halbieren, daß man das Kerngehäuse und den Blütenansatz entfernen kann, der Stiel aber an der Frucht bleibt. Die Birnen mit der Marzipanpaste füllen. Die Blätterteigscheiben ausrollen, in sechs gleich große Rechtecke unterteilen. Den Teigmantel so um die Birnen hüllen, daß sie ganz bedeckt sind. Eigelb mit Milch mischen, Blätter aus dem restlichen Teig ausschneiden und mit Hilfe der Eiermilch auf die Birnen aufsetzen, die eingehüllten Birnen bestreichen und bei 200 °C im vorgeheizten Ofen 30–40 Minuten backen.
Lauwarm und mit Vanillesauce servieren.

'Frauenschenkelbirne' ('Cuisse Madame'), (aus: *Teutscher Obstgärtner* 1800)

Ursprünge der Birnenbegeisterung

»Der Birnbaum ist der gesuchteste und kostbarste unter den Obstbäumen nach dem Apfelbaum [...]. *Obgleich im allgemeinen und ohne besonderen Vergleich der Apfel saftiger und zum größten Teil gesünder ist als die Birne, vor allem was den Geschmack angeht, ist die Birne gewöhnlich gefälliger im Geschmack und in der Saison, gebacken, gekocht und eingemacht, angenehmer zu essen als der Apfel. Worüber ich mich wundere, ist, daß man nicht mehr Birnen als Äpfel pflanzt* [...].«[14] So wird in dem bekanntesten französischen Landwirtschaftswerk des 16. Jahrhunderts, der *Maison Rustique* von Estienne & Liébault (1564) die Bedeutung der Birne betont.

● Schon 1587 zog man in Frankreich so wohlschmeckende Birnen, daß sie ohne Kochen genossen werden konnten. An erster Stelle der Beliebtheit stand die 'Herbst-Bergamotte', gefolgt von 'Bon-Chrétien' ('Winterapothekerbirne'), die wegen ihres süßen Saftes sehr geschätzt wurde. Diese beiden seit 1530 nachweisbaren Sorten wurden auch in Deutschland bewundert. Dazu kamen bald ähnliche Sorten wie 'Rote Bergamotte', 'Obstbergamotte' und 'Bon Chrétien d'Espagne'.

● Der königliche Beamte Le Lectier begann um 1598, Sorten zu sammeln und veröffentlichte 1628 ein Sortenverzeichnis seines Gartens in Orléans. Es umfaßte neben 35 Apfel- bereits 260 Birnensorten, darunter die auch in Deutschland bekannte 'Cuisse Madame' oder 'Frauenschenkelbirne'. Hier zeichnet sich die Umkehrung der Wertschätzung von Äpfeln und Birnen deutlich ab, da die Sortenzahl stets ein Indiz für die Wertschätzung und Verbreitung einer Art ist. Mit der 'Weißen' und 'Grauen Herbst-

Sprichwort

Um die Zukunft zu erfahren, muß man in der Thomasnacht an einen Birnbaum klopfen.

butterbirne' treten bei ihm die ersten Vertreter der Butterbirnen auf, die noch heute als gute Tafelbirnen bekannt sind.

● Keine Obstart habe so viele Sorten und so erstaunlich unterschiedliche Eigenschaften wie die Birne, schreibt Olivier de Serres 1600: »*Denn von Mai bis Dezember findet man gute Birnen zum Verzehr auf den Bäumen. In Hinsicht besonders auf ihre verschiedenen Formen, Größen, Farben, Geschmack und Duft der Birnen, welche die vielfache Weisheit des Schöpfers preisten, sieht man runde, lange, gerippte, spitze, stumpfe, kleine, mittlere, große, Gold, Silber, Zinnober, grüne Seide leuchtet aus den Birnen. Zucker, Honig, Zimt, Nelken sind hier zu kosten, Moschus und Amber sind hier zu spüren.*«[15]

● Nahezu gleichzeitig erscheinen während der Regierungszeit Ludwigs XIV. die ersten drei französischen Abhandlungen über den barocken Obstbau; Autoren waren der königlichen Kammerdiener Nicolas de Bonnefons (1651), der Landpfarrer Antoine Le Gendre (1652) und der Prior von St. Marc in Paris, R. Triquel, (1653). Die Traktate wandten sich in ihrer bescheidenen Aufmachung und praktischen Ausrichtung nicht an den hohen Adel, sondern an nur mäßig begüterte Gartenbesitzer auf dem Land, an Pfarrer, Gutsherrn und Mönche. Sie wurden vielfach aufgelegt und auch ins Deutsche übersetzt.

● Bonnefons bezeichnet die Birnen als »*die kostbarsten Früchte unserer Gärten*«, nennt 310 Birnensorten und schreibt: »*Es ist auch die Frucht, von der es eine Anzahl gibt, die sich bis zum Beginn der neuen Ernte hält, ohne die Güte ihres Geschmacks zu verlieren oder zu welken, was bei keiner anderen Frucht der Fall ist.*«[16]

● Die Franzosen vervollkommneten vor allem die Kultur von Birnen und Pfirsichen. Ihre neuen Anbauformen waren Spalier- und Zwergbaum, die sich von Frankreich aus über Europa verbreiteten. Da ihre Geschichte weitestgehend unbekannt ist, wollen wir hier etwas tiefer in sie eindringen.

Birnen vom Spalier

Das Spalierobst verdankt sein Entstehen der Beobachtung, daß Obst an warmen Mauern besser gedeiht als auf freistehenden Bäume. Infolgedessen pflanzten gewitzte französische Gärtner Obstbäume bevorzugt an Mauern. Nach mündlicher Überlieferung geschah dies zuerst Ende des 16. Jahrhunderts in Montreuil bei Paris.

Olivier de Serres schreibt 1600 in einem Kapitel über »*L'Espalier ou Palissade*«, daß es sich um eine neue Erfindung handle: »*Diese Anordnung der Obstbäume wird Spalier oder Hecke genannt, bei welcher die heckenförmig gepflanzten Bäume sich ineinander verschlingen und untereinander verbinden, ohne Unterschied der Art, ihre Triebe in aller Freiheit entfalten, ihre Blüte und ihre Frucht vom Boden bis zu der gewünschten Höhe hervorbringen, wobei sie weder Winde noch Trockenheit, die Hauptfeinde der Früchte, sehr fürchten müssen.*«[17] Die Früchte werden weniger zahlreich, aber entsprechend größer als im gewöhnlichen Obstgarten. Und da sie am Spalier weniger Platz in Anspruch nehmen als im freien Stand, sind sie wirtschaftlicher, denn auf gleicher Fläche tragen Spalierbäume dreimal so viele Früchte wie im gewöhnlichen Obstgarten. Weil schon drei Jahre nach der Veredlung am Spalier Früchte erscheinen, erfordern die Bäume auch weniger Arbeitseinsatz.

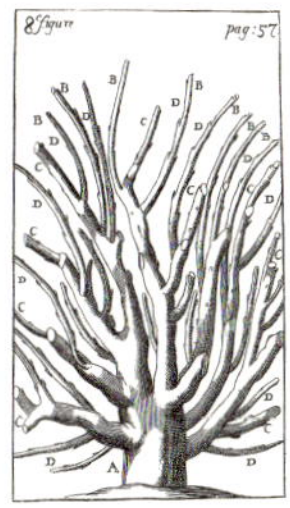

Spalierbaum in Fächerform, (aus: Dahuron 1692)

Die frühesten Spaliere kannten noch keine kunstvolle Schnittechnik und keine Gerüste, sondern wurden wie Zierhecken außen mit der Heckenschere bearbeitet. Die erst kurz vor der Pflanzung veredelten Bäume werden mit nur einem Fuß Abstand untereinander gepflanzt. Zwischen die Bäume soll man Pfosten eingraben und daran drei oder vier Reihen Latten schlagen. An diese bindet man die sich bildenden Zweige mit Weidenruten. Nach vier bis fünf Jahren sind an allen Latten Zweige, und das Gerüst kann entfernt werden. De Serres nennt die 'Kleine Muskatellerbirne' als für solche Hecken besonders geeignet.

Bonnefons definierte 1651: »*Unter Espalier verstehen wir die Bäume, womit die Mauren oder Plancken des Gartens ausgezieret sind.*«[18] Erst im 19. Jahrhundert bezog sich der Begriff ›Spalier‹ auf das Holzgerüst, das vordem Treillage hieß.

Spaliere, so Bonnefons, seien »*des Gartens vornehmste Auszierung* (*le principal ornement*)«.[19] Er forderte, den Spalierbaum in eine bestimmte, fächerförmige Form (*en eventail*) zu ziehen und nicht bloß irgendwie anzubinden. »*Das Vornehmste, so man in Leitung und Aufrichtung der Bäume zu beobachten hat, ist, daß man selbige ausbreite in Form eines öffenen Fächers; das ist so viel gesagt, gleichwie die Stöcklein an einem Fächer sich nicht übereinander kreutzen, also sollen auch die Zweige der Bäume nicht gekreutzet werden.*«[20]

»*Die Wissenschaft / die Geländer und Buschbäum recht und wol zu schneiden / und aufzuführen*«, war noch zu Le Gendres Zeit »*bey den Gärtnern gar ungemein und selten*«.[21]

Die Bäume werden kurz über der Wurzel veredelt und bald darauf an die Mauer gepflanzt, wo die weitere Entwicklung ge-

'Kleine Muskateller' (aus: Gallesio 1817–39)

zielt geleitet wird. Äste, die nach vorne oder hinten wachsen, werden entfernt, ebenso solche, die unten verkahlen und die Wasserreiser. Die Hauptäste sollen sich wie ein Fächer, wie eine gespreizte Hand oder wie ein Pfauenschweif ausbreiten und dürfen sich nicht kreuzen.

Das auf diese Weise grob umschriebene Bild des Spalierbaums war noch keineswegs nach geometrischen Figuren stilisiert. Die einzelnen Äste folgten nur ganz allgemein der beschriebenen Gestalt.

Le Gendre schildert auch das ständige Ausschneiden und Pincieren, welches das Hinauswachsen über die Mauer und das Verkahlen des Fußes verhindert und außerdem die Bildung von Fruchtknospen fördert. An den Kurztrieben dürfen

Fächerspalier (aus: Schabol 1770)

nur 1–2 Blütenknospen stehen bleiben. Nach der Blüte werden weitere Fruchtansätze entfernt, um Kraft zu sparen, besonders diejenigen an den Zweigenden, durch deren Last die Zweige abbrechen könnten. Alles Schneiden und Pincieren sollte bei abnehmendem Mond erfolgen.

● Das Birnenjahr begann mit 'Petit Muscat' vom Zwergbaum. Diese Sorte wurde, weil sie so klein war, auch 'Sept-en-geule' (›Sieben-ins-Maul‹) genannt. Le Gendre entdeckte, daß für verschiedene Himmelsrichtungen bestimmte Sorten geeignet waren. »*Die Mauren, welche die Sonne von 9 oder 10 Uhren des Morgens biß zu Abend haben / sind die besten / um daselbst Bon-Chrétien, Bergamotten und andere dergleichen Birn / welche voller Safts sind / zu pflanzen / weil solche Früchte / damit sie wol reiff / und geschmackvoll werden / größere Wärme vonnöthen haben. Die Lage, so die Sonne nicht sihet / als von ein / oder zwei Uhren nach Mittag / bis auf den Untergang / ist zu nichts anderm dienlich als zu Birnen / ausgenommen Bonchrétiens und Bergamotten.*«[22]

● »*Gemeiniglich*«, so Le Gendre, würden Birnen und Pfirsiche am Spalier abwechselnd gepflanzt, »*weil man meint, durch diese Abwechselung das Werk viel schöner zu machen, und daß die Mauern nimmermehr ungeschmücket seyn werden.*«[23] Über die Vor- und Nachteile der Mischung von Obstarten am Spalier wurde viel diskutiert.

Die Ästhetik der Spaliere

Le Gendre sah neben dem Nützlichen das Schöne (»*une belle ordre*«) im Spalierbaum, und sein Lob gipfelte in folgenden Worten: »*Ich kann schließlich nicht zugeben, daß man über die Mühe*

Sprichwort

Birnbaumzweige am Karsamstag ins Haus geholt, vertreiben die Hexen.

klage, welche diese Art Bäume erfordert, denn eben hierin besteht das Vergnügen. […] Es ist ein Werk der Göttlichen Gnade, die, nachdem sie die Menschen zur gerechten Strafe zu ewiger Arbeit verdammt hat, wollte, daß sie ihren Trost in ihrer eigenen Mühe fänden, und daß sie dort die Wohltaten zurückempfängen, welche oft die Bitterkeiten übertreffen. Jene, die eine starke Leidenschaft für eine Sache haben, beklagen sich auch niemals über die Schwierigkeiten, die ihnen dabei begegnen.«[24]

Die Kunst des Palissierens

Im richtigen Schneiden und Anheften der Spalierbäume bestand die Kunst des Obstgärtners. In Frankreich wurden von *palissade* (Hecke) zwei neue Wörter abgeleitet: *Palissage:* Die Kunst die Zweige eines Baumes an der Wand oder Treillage auszubreiten und zu befestigen. Und *palisser:* Die Zweige eines Baumes, jeden seinem natürlichen Platz folgend, befestigen.[25]

Die *Palissage à la loque* galt als die der Natur des Baumes am stärksten entgegen kommende Methode. Außerdem war sie sehr schnell zu handhaben. Der Fachbegriff *loque* wurde definiert: »*Ein Stück Stoff, zweifach gefaltet, um die Zweige der Spalierbäume an einem Nagel in der Wand zu befestigen.*«[26]

John Claudius Loudon setzt sich mit Größe und Farbe der Stoffstreifen und sogar mit der Ausrichtung ihrer Enden auseinander: »*Eine einheitliche Farbe der Stoffetzen kann schwerlich erreicht werden, aber eine regelmäßige Größe durchaus; Zinnober, wenn überall gleich, sieht am besten, Weiß am schlechtesten aus. […] Obgleich manche eine Art abwechselnder Ordnung einhalten, sehen die hauptsächlich hängenden Enden doch am besten aus.*«[27]

● Eine andere Möglichkeit war es, Nägel im Quincunxverband einzuschlagen und dazwischen eiserne oder besser Kupfer- oder Messingdrähte zu spannen, an die dann die Zweige gebunden wurden. So entstand eine, wenn auch wenig auffällige symmetrische Struktur, die rein funktional war und sehr modern wirkt. In dem aber La Quintinye nur einen billigen Ersatz für Treillagen sah, die dem Garten nicht zur Zierde gereichen.

● Die teuerste und vornehmste Möglichkeit, das Lattengerüst, das heute die Vorstellung vom Spalier prägt, diente ursprünglich wohl nicht der Zierde, sondern nur der Erziehung junger Bäume, die besonders fest angebunden werden müssen, um in Form gezwungen zu werden. Der Anstrich war meist grün, gelegentlich werden auch rot oder blau erwähnt.

Palissieren mit Laschen (aus: Schabol 1770)

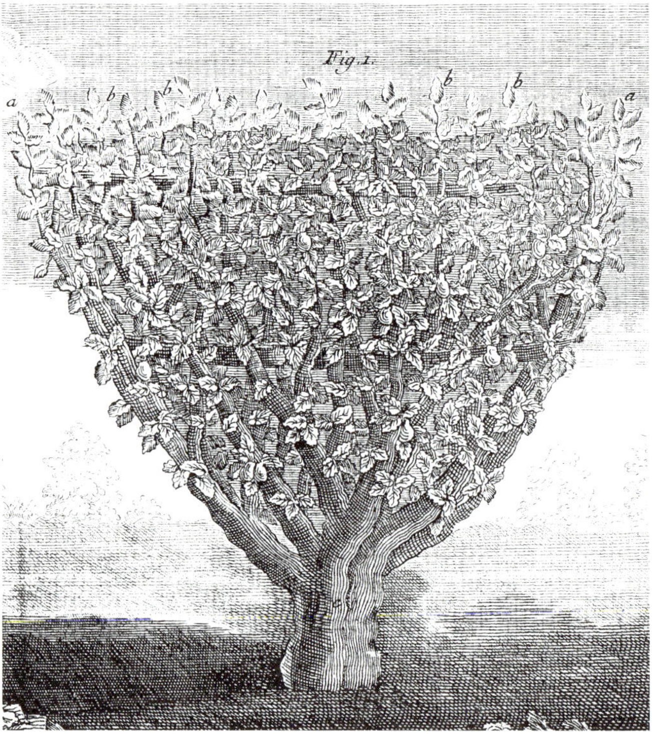

Kesselbaum (aus: Schabol 1770)

Zwergobst

Die andere, neue, von den Franzosen entwickelte Kulturform, waren die nur für Kernobst geeigneten ›Busch-Bäume‹ (auch ›Zwerg-Bäume‹, ›Zwergobst‹, *buissons* genannt).

Als erster nennt Bonnefons um 1600 *buissons*. Seiner Schilderung ist die Herkunft aus dem Ziergarten zu entnehmen: »*Buissons sind Bäume, die man gemeiniglich längst der Fußsteige in den Rabatten der Parterres und in den Ecken der Küchengärten pflanzet. Diese beschneidet man auf solche Figur, als man will, rund, viereckicht, oder auch oben platt, oder man läßt sie wachsen in Form eines Cypressen-Baumes. Das Beschneiden siehet man mehr darauf, ihnen die Form zu geben als auf die Fortbringung der Fruchtknospen, wie bei den Spalieren und Contrespalieren geschiehet. Man pflanzet sie mit 9 Fuß Abstand voneinander.*«[28]

Der verfeinerte Schnitt unterschied sich nur wenig von dem des Spalierobstes und setzte sich rasch durch. Nur ignorante Gärtner, so Le Gendre, schnitten *buissons* noch mit der Heckenschere rund. Man müsse vielmehr selektieren, zu stark wachsende und überflüssige Zweige entfernen und die in der Mitte erhalten, welche gewöhnlich die Früchte trügen.[29] Hingegen schreibt Triquel, das Innere müsse leer bleiben, weil dort das Holz unnütz sei und kaum fruchte.

Hiermit ist der entscheidenden Eingriff angesprochen, der die Gestalt des Zwergobsts auf Dauer bestimmt, nämlich die Entfernung des Mitteltriebes. Triquel nennt zwar die Idealform der *buissons* weiterhin rund, doch ergibt sich bei Freihalten der Mitte eher eine nach oben offene Halbkugel, die später auch als ›Becherform‹ oder ›Hohlkrone‹ beschrieben wurde.

Sprichwort

Trägt der Birnbaum schlecht, dann gibt es im nächsten Jahr keine Männer für die heiratsfähigen Mädchen.

La Quintinye formuliert präziser: Die *»Idee der Schönheit«* bestehe darin, wenn das Innere weder voll noch leer wie eine Flasche, sondern offen ist. *»Die Zwergbäume müssen eine offene Krone haben, daß heißt in der Mitte frei von starken Zweigen sein, sie müssen rund im Umriß sein, und auf allen Seiten gleichmäßig mit guten Zweigen garniert.«*[30] Wieviel man in der Mitte herausnehmen müsse, war umstritten.

● Für Zwergbäume verwendete man niedrig wachsende Unterlagen, bei Birnen besonders gerne portugiesische Quitten. Von de Serres und Bonnefons empfohlen, war dies noch im gesamten 19. Jahrhundert üblich. Die Veredlung auf Niederstämme führte schneller zum Ertrag als bei Hochstämmen. Dadurch wurde auch die Auslese neuer Sorten beschleunigt, und die Obstsortimente wuchsen daher im Frankreich des 17. Jahrhunderts enorm an.

● Die Höhe der Bäume war so bemessen, daß man alle Teile des Baumes mit der Hand erreichen konnte. Triquel gibt an: *»Man kann sie in die Gegenspaliere setzen oder in die Küchengärten anstelle der Hecken oder sie unter sich nach der Quincunx pflanzen.«*[31] Claude St. Estienne beschreibt ein »kleines Birnenlabyrinth« aus 648 Zwergbirnbäumen, 104 Kochbirnen auf den vier Seiten, zwei von jeder Sorte. Im Innern stehen 544 Tafelbirnen, ebenfalls von jeder Sorte zwei, abwechselnd Sommer- und Herbstbirnen. Alle Sortennamen werden genannt. Die Plätze, wo sich die Wege kreuzen, sind mit bestimmten Sorten bepflanzt.

● Bereits La Quintinye gab dem Zwergobst den Vorzug vor dem Spalierobst. Im Prinzip ist es bis heute im Obstbau bestimmend geblieben, auch wenn die Schnittechnik vereinfacht wurde.

Französische Birnenkultur in Deutschland

Um 1600 kamen vereinzelt erste Birnensorten aus Frankreich nach Deutschland. So wuchsen im herzoglichen Garten zu Mömpelgard französische Bergamotten, wie Jean Bauhin berichtet, und 1608 nennt Dillich in Hessen einige französische Birnensorten, worunter *»sommer und winter Pergamotbiern«* identifizierbar sind.

● Bis nach dem 30jährigen Krieg war in Deutschland der Hochstamm die einzige Kulturform. *»So hoch/daß ein Mann mit einem Hut unangestossen kan darunter hingehen. Zwar die niedrigen Bäume/denen man sie Aeste lässet/tragen mehr Früchte/als andere/aber sie sind nicht tauerhafft und beständig/als wie in die Höhe gezogene Bäume.«*[32] wie Dümler 1661 meint.

● 1665 brachte der Hamburger Notar und Schriftsteller Georg Greflinger erstmals den *Jardinier françois* von Nicolas de Bonnefons unter dem Titel *Der Frantzösische Baum- und Stauden-Gärtner* auf Deutsch heraus.

● Hier findet man eine lange Liste französischer Obstsorten sowie Anleitungen *»von den Spalier- oder Lust-Gängen, und der Art selbige zu pflantzen und einzurichten«*.

● Wie sehr zwischen 1666 und 1672 der französische Einfluß auf den deutschen Obstbau zunahm, zeigt sich im Vergleich der 1. und 2. Auflage des Gartenbuchs von Johann Sigismund Elsholtz, dem Gartendirektor des Großen Kurfürsten. 1666 wägt Elsholtz die Vor- und Nachteile des Hochstamms ab, der auf dem Lande noch üblich war. Neuartige *»Gelender«* (Spaliere) empfiehlt er für Pfirsiche, Aprikosen, bestimmte Apfelsor-

Le Gendre, *Oculirmeister,* Frontispiz, 1690

ten und bestimmte auf Quitten veredelte Birnen, die auch als Buschbäume (*buissons*) gezogen werden konnten. 1672 nahm er ein umfangreiches Kapitel über Spalier- und Buschobst auf, das »*heutiges Tages sehr auffkömmet*«.

Er nennt in dieser Ausgabe 97 Birnensorten, die »*hier im Lande befindlich*«. Davon sind 61 wahrscheinlich deutschen Ursprungs. Er unterscheidet Butterbirnen, »*welche nemlich so mürbe/daß sie gleichsam wie Butter im Munde zerschmelzen*«, Wasserbirnen, »*welche zwar voll Wasser oder Safft/aber das Fleisch schmeltzet nicht/sondern ist derb und hart*« sowie Würzbirnen, »*die trucken und aromatisch/riechende nach Mosch/Zimmet/Fenchel und dergleichen Gewürtz*«.[33] 27 der 97 Sorten tragen französische Namen, abgesehen von weiteren, ursprünglich französischen, die bereits eingedeutscht waren. Leider ist nicht erkennbar, welche der in Brandenburg befindlichen Sorten zum Tafelobst zu zählen waren. Zusätzlich nahm er 1672 die ca. 800 Sorten umfassende Birnenliste aus St. Estiennes *Instruction pour connoitre les Bons Fruits* in sein Gartenbuch auf, die 1670 in Paris erschienen war. Er bemerkt hierzu, wie schon de Serres, daß darunter viele Synonyme seien: »*Also daß eine eintzige Gattung Birnen zuweilen zween bis drey Zunamen hat/und folgends würde/nach Abzug derselben Synonymen/wol die Helffte und drüber an der gantzen Summa abgehen.*« Von nun an sprach die deutsche Gartenliteratur so gut wie nur noch von französischen Sorten.

Beim Spalierobst bezieht sich Elsholtz vor allem auf Birnen. Zur Exposition der Obstmauern sagt er, Bonnefons folgend, daß die Südlagen für die besten Früchte zu reservieren sind, die man in der Spätsaison roh ißt. Sommerbirnen nehmen auch mit West- und Ost-Ausrichtungen vorlieb. Elsholtz ergänzt, daß für die empfindlichsten Früchte Lagen am besten sind, die die Sonne erst um 10 Uhr trifft, um Frostschäden vorzubeugen. Hier pflanze man Bergamotten und 'Winter-Bon-Chrétien', die beste Birnensorte.

Porträt Elsholtz

Von Triquel übernimmt Elsholtz die vier Argumente für das Spalierobst: Es sieht schön aus, es ist Voraussetzung für die Kultur feiner Sorten, die Früchte werden besser als an Hochstämmen, und die Früchte sind zahlreicher und erscheinen jährlich.

Indem er manches aus anderen Büchern abschrieb, kommt Elsholtz zu widersprüchlichen Aussagen, was den Schnitt der *buissons* betrifft. Zunächst schreibt er nach Bonnefons, die Gestalt sei rund und müsse mit der Schere so gehalten werden. (Hierunter ist eine Heckenschere zu verstehen, denn Gartenscheren gab es noch nicht.) Im nächsten Absatz aber beschreibt Elsholtz das differenziertere Auslichten nach Triquel: »*Nehmet ihnen aber zuförderst die Aeste/welche über einander wachsen/lasset ihnen nicht zu viel Holtz: verhütet daß sie Zweige einander nicht zu sehr beschatten/und nicht gar zu dichte wachsen/sonderlich in dem mittel des Baums/welchen Ort man stets vom Holtz entlasten soll/weil es daselbst ohn Nutzen stehet/und fast niemals Früchte träget.*«[34] Le Gendres Buch kannte er offenbar nicht.

Die vier nunmehr üblichen Kulturformen des Obstbaums nennt Elsholtz nach René Rapin *formae arborum pomiferarum*. Gemeint sind:

1. Hochstamm (*haute tige*)
2. Wandspalier (*espalier*)
3. Freistehendes Spalier (*contrespalier*)
4. Zwergbaum (*buisson*)

Ludwig XIV. und die Obstkultur in Versailles

Porträt La Quintinye

Als Ludwig XIV. 1661 König wurde, erklärte er den Obstbau zu einer höfischen Aufgaben. 1675–82 ließ er von dem Juristen und Gartenfachmann Jean de La Quintinye den berühmten *Potager* von Versailles anlegen.

- Der *Potager* sollte vor allem die königliche Tafel mit imponierende Produkten gärtnerischer Kunst beliefern, die es anderswo und zu der betreffenden Jahreszeit nicht gab.
- Eine Vorstellung davon, was der Hof von ihm erwartete, geben folgende Zeilen La Quintinyes: »*Ich weiß wohl, daß es nichts angenehmeres in einer Gesellschaft von Liebhabern gibt, welche auf gutes Obst erpicht ist, als davon zur gleichen Zeit mehrere Sorten vorlegen zu können, die gut genug sind, um die verwöhnten Leute in Verlegenheit zu bringen, welche sie zu den besten erklären sollen. Dies kann geschehen im Juli und August mit Sommerfrüchten und im Oktober, November und Dezember mit Herbst- und Winterfrüch-*

Blick in den Potager du Roi in Versailles

'Virgouleuse'
(aus: Gallesio
1817–1839)

ten. Ich finde es übrigens für einen ehrenhaften Liebhaber nichts als erbärmlich, sie nur besitzen zu wollen, um bunte Pyramiden daraus zu bauen und damit anzugeben. Das sind Früchte, die man nur mit den Augen wahrnehmen kann und die gewöhnlich nur zum Tafelschmuck dienen. Dieser ist heutzutage wahrlich sehr in Mode und hat in der Tat etwas Großartiges, gleichwohl dient er zu nichts anderem, als dem Bedienten Ehre zu machen, der sie so symmetrisch angeordnet hat.«[35]

Sprichwort

So viele Birnen unter den Birnbaum fallen, so oft hat der ferne Geliebte andere Mädchen geküßt.

● Geometrisch angeordnete, gut gebaute Mauern bestimmten das Bild der Obstanlage. Die Gesamtlänge betrug 2400 Meter, von denen die Birnen ein Viertel in Anspruch nahmen. An den Süd- und Westmauern standen unter anderen 'Bon-Chrétien d'Hiver', 'Bergamotte' und 'Petit Muscat', an den Ostmauern 'Bon-Chrétien d'Hiver' und 'Bergamotte' und an den Nordmauern 'Virgouleuse', 'Beurée' und 'Bergamotte'.

● Beim Schnitt eines Obstbaumes müsse sich der Gärtner, schrieb La Quintinye, wie der Bildhauer verhalten und der Idee der Schönheit folgen. *»Denn gleich diesem muß er entsprechend der Idee, von der seine Vorstellung erfüllt ist, in seinem Marmorblock mit einem Blick die Figur sehen, die er ausarbeiten will, und folglich genau sehen, wo sich eine jede schöne Partie, daraus sie bestehen wird, befinden wird. Genauso muß der fähige Gärtner, entsprechend der Idee, die er sich von einem schönen Baum gebildet hat, auf einen Blick sehen, was er mit einem Baum zu machen hat, sei es um ihn schön werden zu lassen, wenn er es nicht ist, sei es, um seine Schönheit zu bewahren, wenn er sie bereits hat, oder um ihn tragbar zu erhalten. Er muß zum Beispiel sehen, wo die Früchte sein werden und folglich die Zweige, die sie hervorbringen werden erhalten, während er andere ausschneiden muß, um eine angenehme Gestalt zu bilden. Wie* *der Bildhauer von Zeit zu Zeit von seinem Werk zurücktritt, um zu sehen, ob er seinen Gedanken gut genug ausgeführt hat, so muß es auch der fähige Gärtner beim Schnitt seines Baumes tun, mithin sich von Zeit zu Zeit entfernen, um zu sehen, ob der Baum wirklich die schöne Gestalt zeigt, die er beabsichtigt.*«[36]

La Quintinye kannte sich bei Birnen besonders gut aus. Er führt 505 Tafelsorten namentlich auf. Mehr als 300 hat er selbst gesehen, getestet und beschrieben. Er beurteilte die Sorten nach ihren verschiedenen Zwecken, für ihre Eignung als Hochstamm, Zwerg- und Spalierbaum, ordnete sie in zwölf Gruppen nach ihren Reifemonaten und in vier Güteklassen ein. Zwergbäume (*buissons*) waren für ihn die normale Kulturform. Hochstämme spielten so gut wie keine Rolle. Nur Kochbirnen gestand er diese Kulturform noch zu. Über deren Sortenbestand äußert er sich aber nicht weiter.

»*Was die rohen Birnen betrifft, liebe ich an erster Stelle diejenigen, die ein butterartiges Fleisch haben oder wenigstens zart und delikat sind, mit einem süßen, wohlschmeckenden Saft und vor allem, wenn sie Aroma haben, solche sind die Bergamotte, Verte-Longue, Butterbirne, Lechasserie, Ambrette, Rousselet, Virgoulé, Marquise, Petit-Oin, Epine d'Hiver, St. Germain, Salviati, Lansac, Crassane, Petit-Muscat, Frauenschenkel usw.*

An zweiter Stelle, wenn die ersten fehlen, liebe ich jene, die ein fe-stes Fleisch haben, mit einem süßen Geschmack und manchmal etwas aromatisch, wie die Winterapothekerbirne auf gutem Standort, Robine, Cassolette, Bon-Chrétien d'Éte Musqué, Martin-Sec und zuweilen sogar Portail, Messire Jean, Orange Verte usw.

An dritter Stelle lege ich wirklich Wert auf jene, die ein genügendes Aroma haben, wenn ich es nur nicht in einem sehr harten, steinigen

‘St. Germain’ (aus: Duhamel 1807–1835)

und markigen Fleisch finden würde, wie Amadotte, Grosse-Queue, Citron, Gros-Muscat d'Hiver etc.«[37]

Kaum ein Autor vor oder nach ihm hat so ausführlich über jede Birnensorte berichtet wie La Quintinye. Als beste Sorte von allen schnitt 'Bon-Chrétien d'Hiver' ab. Wenn der Garten so klein sei, daß man nur einen einzigen Obstbaum haben kann, so sollte es ein Zwergbaum von 'Bon-Chrétien d'Hiver' sein. La Quintinye glaubte, daß diese Sorte auf die Römer zurückgehe und von ihnen unter dem Namen *crustumium* beschrieben und von den ersten Christen umgetauft worden sei. Das Fleisch sei zwar nicht schmelzend, aber zart, und die großen Birnen seien gut transport- und lagerfähig und gut ausgereift auch roh genießbar, da sie einen angenehmen, süßen, leicht aromatischen Geschmack hätten.

Entschieden sprach La Quintinye sich dagegen aus, nur aus Sammelleidenschaft 200–300 Sorten zu kultivieren, denn lediglich 30 Sorten seien wirklich empfehlenswert. Von diesen Sorten ist heute keine einzige mehr in Deutschland bekannt.

Freistehendes Birnenspalier in Versailles, 1969 in der Art des 19. Jahrhunderts angelegt

Wenige, wie 'Bon-Chrétien', kann man mit einiger Mühe noch in Frankreich erhalten. Die Erinnerung an diese berühmte Sorte lebt allerdings überall fort in 'Bonchretien William's' ('Williams Christ'), einer ähnlichen, 1811 in England entdeckten Sorte.

● La Quintinyes 1690 posthum erschienenes Obstbaulehrbuch galt in Deutschland als maßgeblich, und in der Tat gab es für lange Zeit keine Gartenbau-Abhandlung, die gründlicher, praktischer und intelligenter geschrieben war.

● Durch das Vorbild des *Potagers* Ludwigs XIV. wurde die bestehende Vorliebe für Birnen und Pfirsiche an Spalieren in Europa weiter verstärkt. Der Küchengarten von Versailles jedoch konnte nach dem Tode Ludwigs XIV. nicht auf dem hohen Niveau gehalten werden. In der Revolution wurde er aufgegeben und in einen botanischen Lehrgarten umgewandelt. Napoleon reaktivierte ihn wieder, und als Wilhelm I. und der Kronprinz Versailles besetzten, aßen sie von den Früchten des Küchengartens. Eine angeblich von La Quintinye gepflanzte Kochbirne 'Catillac' überlebte bis in die 1960er Jahre.

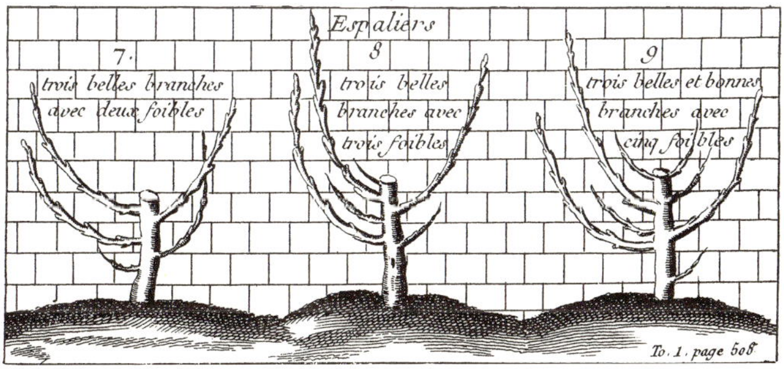

Aufbau von Spalierbäumen (aus: La Quintinye 1690)

›Franzbäume‹ erobern Brandenburg

Porträt von Dahuron, Antoine Pesne

Der Formobstbau und die ganzjährige Versorgung mit Tafelobst wurde nach dem Vorbild Versailles ein besonderes Anliegen der europäischen Höfe. Die Zwergbäume nannte man ›Franzbäume‹ und orientierte sich an der französischen Gartenliteratur. Eine besondere Bedeutung kam dabei einem berühmt gewordenen Buch über die Erziehung von Zwergobstbäumen zu, das 1692 in Celle auf französisch erschienen war. Autor des offenbar zwischen 1688 und 1690 verfaßten Buches ist René Dahuron, ein Schüler von La Quintinye.

Dahuron wollte mit dem Buch erstmals La Quintinyes Techniken und Künste beschreiben. Schritt für Schritt gibt er an, wie bei den Bäumen Jahr für Jahr, angefangen mit der Veredlung, zu verfahren ist, bis die ideale Größe erreicht ist. Hierzu liefert er detailreiche Tafeln, die unterschiedliche Stadien der Erziehung des Zwergbaums zeigen. Eine Tafel zeigt den Spalierbaum, für den die gleichen Regeln gelten. Die drei letzten Tafeln zeigen Beispiele falsch behandelter Bäume. Dahuron unterscheidet Holzzweige, Fruchtzweige und Wasserzweige und liefert damit eine weitere Verfeinerung der physiologischen Beobachtungen.

An didaktischer Prägnanz übertraf das Buch alle Vorgänger. Dahuron trug auch dazu bei, die französische Meinung »*Eine Gute Birn ist denen Aepffeln allezeit vorzuziehen*« in Deutschland zu verbreiten. Er empfahl 72 französische Tafelbirnensorten. Die im Buch empfohlenen französischen Sorten kultivierte er selbst in Hannover. Es waren ausschließlich Tafelbirnen. Kochbirnen hielt er nicht für gartenwürdig.

Zwergbaum
(aus: Dahuron
1692)

Dahuron hatte kurz nach 1685 Frankreich verlassen. Er gehörte nicht zu den 1685 vertriebenen Hugenotten, sondern war wohl aus beruflichen Gründen ausgewandert. Zunächst arbeitete er am Hofe des Kurfürsten Ernst August von Hannover und für dessen Bruder Herzog Georg Wilhelm in Celle.

Für die Obstkultur in Brandenburg von größter Bedeutung ist der Beginn seiner Tätigkeit bei der Tochter des Herzogs, Kurfürstin Sophie Charlotte von Brandenburg, in Lietzenburg, dem späteren Charlottenburg. Damit hatte 1700 ein Ableger des Versailler Potager vor den Toren Berlins Wurzeln geschlagen.

Wie auch in der Gartenkunst, so wurde Charlottenburg zur Keimzelle des französischen Gartenbaus in Brandenburg-Preußen.

Erst 1708 entstand der Charlottenburger Küchengarten nordwestlich der neuen Stadtkirche am heutigen Gierckeplatz. Hier erhielt Dahuron auch ein Wohnhaus. Er behielt sogar unter dem Soldatenkönig, der bei Antritt seiner Regierung 1713 fast alle Hofgärtner entließ, seine Stelle, denn auf gutes Obst und Gemüse legte auch dieser König großen Wert. Als weißhaariger Alter schaut Dahuron aus dem Porträt von Antoine Pesne, der, ebenfalls katholisch, 1711 Hofmaler geworden war und wie Dahuron seine Stelle unter Friedrich Wilhelm I. hatte behalten können.

Im 17. und 18. Jahrhundert wurden die von den Franzosen empfohlenen Birnensorten nach Deutschland eingeführt und wurden als ›Franzobst‹ bezeichnet. Die Höfe scheinen hierin vorangegangen zu sein. Während Elsholtz, der für den Berliner Hof spricht, 1684 schon um die dreißig französische Sorten hatte, nennt Samuel Großer 1714 für die Lausitz lediglich deutsche Sortennamen. Julius Berhard von Rohr schreibt dann 1722, daß um Leipzig die Bauern bereits Franzbäume hätten, deren Früchte sie in Leipzig zu Markte trügen.[38] 1751 berichtet Bekmann, daß das »*Franzobst* [...], *welches weil es an Geschmack lieblicher, ietzo häufig und mit gutem Erfolg an allen Orten gebauet wird.*«[39] In der Pomologie des Meininger Konsistorialrats Justus Heinrich Zinck von 1766 sind unter 102 Birnensorten nur noch 24 deutsche. Der Sieg des französischen Obstbaus war damit perfekt. Es wurden nun auch in Deutschland stets mehr Birnen- als Apfelsorten empfohlen.

TRACTAT
Vom nützlichen
Baum-Beschneiden
und
Der rechten
Baum-Zucht/
Insonderheit
Der Zwerg-Bäume:
Sammt einer Verzeichniß
Des
Besten Frantz-Obstes;
Und
Nöhtigen Kupffern.
Durch
Monſ. René Dahuron.

Voltaire, Friedrich II. und Pomonas freundliche Gaben

Friedrich II. ließ schon 1746 die Terrassen von Sanssouci mit Obstpyramiden aus den Niederlanden besetzen, wie eine Rechnung der Gärtnerei Moerbeek in Haarlem über 100 Apfel- und 100 Birnenpyramiden belegt. Diese Entdeckung ist ein wichtiges Beweisstück für die Annahme, daß Holland das Ursprungsland dieser Produktionsform für Obstbäume gewesen sein könnte. »*Diese Manier, Obstbäume zu zeugen, ist nicht alt, sondern erst, soweit ich erfahren konnte, seit Anfang dieses Jahrhunderts in Gebrauch*«,[40] schreibt 1753 der nach Holland ausgewanderte hessische Gärtner Johann Hermann Knoop. Andererseits wurden solche Obstpyramiden schon 1710 in einem in Hamburg erschienenen Buch über den Obstbau beschrieben und abgebildet. Daher ist nicht einwandfrei festzustellen, wo die Pyramidenform zuerst eingeführt wurde.[41]

In Frankreich galt diese Form des Zwergobsts als deutscher Importartikel, der sich seit Ende des 18. Jahrhunderts verbreitete.[42] Wie aus der ersten 1802 erschienenen Monographie von Etienne Calvel über Obstpyramiden zu entnehmen ist, nannte Voltaire sie »*Quenouilles*«. »*Er ist, wie ich glaube*«, so schreibt Calvel, »*der Erste in Frankreich, welcher seinen Birnbäumen in seinem Garten eine pyramiden- oder kegelförmige Gestalt hat geben lassen. Er behauptete es wenigstens.* [...] *Es ist zu bewundern, daß er sich nur auf Birnbäume beschränkt hat, sie nach dieser Gestalt erziehen zu lassen, da er doch zu eben dieser Zeit auch andere Fruchtbäume nach diesem Model in Deutschland hat erziehen gesehen, und von welchen man die Gestalt im Jardin des Plantes zu Paris hat nachbilden gesehen*«.[43]

Man darf annehmen, daß Voltaire die Pyramiden aus Sanssouci vor Augen hatte, als er den naturgemäßen Baumschnitt, mit einer naturgemäßen Gesetzgebung verglich.

In seinem *Poême sur la loi naturelle*, das er 1752 bei einem Aufenthalt bei der Markgräfin Wilhelmine von Bayreuth als Huldigung an Friedrich schrieb, kommt er auch auf den Obstbau zu sprechen. Es geht um die Tugenden eines aufgeklärten Monarchen, wie er sie im preußischen König verwirklicht sah. Im vierten Teil zieht Voltaire den Obstbau als Gleichnis für eine weise Regierung heran:

Ein Blick des Meisters genügt, alles kann er bewirken.
Der glückliche Heger der freundlichen Gaben Pomonas,
Der Töchter des Frühlings sowohl
als der nahrhaften Schätze des Herbstes,
Verschafft als eigener Herr seines Bodens
den fruchtenden Sträuchern
Die Hilfe der Sonne, der Erde und des Wassers;
Mit leichtem Beistand ihre schwachen Arme stützend,
Entreißt unerbittlich ihm das nutzlose Unkraut,
Und das wilde Gesträuch aus seinem Mauergevierte
Putzt aus die hungrigen Wassertriebe des Baumes;
Sein Boden folgt dankbar seiner Kultur:
Ein Diener, welcher befolgt mit Fleiß das Gesetz der Natur.
Gelingen ihm ungehindert seine weisen Entwürfe;
Ein Baum, den er mühsam pflanzte mit seinen Händen
Beansprucht nicht das Recht, unfruchtbar sich zu geben,
Und dem erschöpften Boden entziehend nützliche Säfte,

Wird er nicht verweigern seinem betrübten Meister
Einen Teil seiner Früchte, von denen er überbordet;
Dem nachbarlichen Gärtner schlug sein Plan stets fehl,
Zu leiten der Götter schädlichen Einfluß zu seinem Schaden,
Zu verwünschen die üppigen Früchte an den Spalieren
Und auszutrocknen seinen Weinberg und seine Feigen.
O Wehe den Nationen, wo die Gesetze des Feindes
Verwirren das wohlgeordnete Spiel der Zügel des Staates![44]

Zuvor schon hatten Schriftsteller, wie etwa Francis Bacon, die Erziehung des Obstbaums als Beispiel für die Erziehung des Menschen verwendet. So schrieb Abbé Pluche über Ludwig XIV.: »*Er gefiel sich oft, einen Baum mit eigener Hand zu formieren. Ich will keineswegs sagen, daß die Erde die Ehre empfinden würde, durch Hände bestellt zu werden, die gewohnt sind, das Zepter zu tragen. Sie würden dem nicht zustimmen; aber Sie werden mir mühelos beipflichten, daß eine Pflanze nicht ermangeln kann zu gedeihen, wenn sie durch dieselbe Sorgfalt regiert wird, welche den Staat lenkt.*«[45] Voltaire und Friedrich dürften diese Stelle gekannt haben.

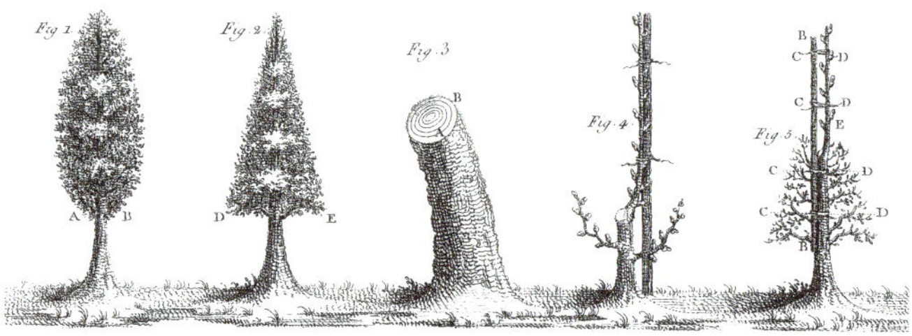

Spindeln und Pyramiden (aus: Calvel 1802)

Obstpyramiden für Sanssouci

Pyramiden waren bis zum Boden beastete Kegel, die äußerlich den bekannten Taxuskegeln der Ziergärten ähnelten. Diese Form fand im 18. Jahrhundert in Deutschland weite Verbreitung, weil sie naturgemäßer schien und damit den Idealen der Aufklärung eher entsprach als die Hohlform.

Sprichwort

St. Ulrich Regen – Kein Birnensegen.*

* 4. Juli

● Der für die Terrassen in Sanssouci seit 1744 zuständige Hofgärtner Philipp Friedrich Krutisch begann, Pyramiden selbst heranzuziehen und zwar vermutlich in den von ihm bewirtschafteten Heckenquartieren um das Oranierrondell und das Mohrenrondell. 1767 konnte er eine kleinere Anzahl von sechs Pyramidenbirnen, acht Apfelpyramiden und drei Kirschpyramiden liefern, 1773 dann schon 60 Äpfel- und Birnpyramiden, das Stück zu zwölf Groschen. Die Kunst des Pyramidenziehens scheint bald weitere Kreise gezogen zu haben. Am 12. November 1775 kaufte Krutisch 18 Birnpyramiden bei Brandhorst in Potsdam, am 14. November 1776 je zwölf Apfel- und Birnenpyramiden bei seinem Kollegen Joachim Ludwig Heydert, wohl aus dessen privater Gärtnerei vor dem Nauener Tor.

● Viele Birnbäume kamen hinzu, seitdem 1765 die acht von Hecken umfaßten Obstquartiere am Neuen Palais angelegt waren. Die Belege weisen fast jährlich Neupflanzungen aus. Im Herbst 1770 lieferte der Pächter des Nedlitzer Fährguts, Tobias August Müller, 90 hoch- und 70 niederstämmige Apfel- und Birnbäume. In den einzelnen Quartieren haben die verschiedenen Obstsorten wohl in buntem Gemisch gestanden, um die Erträge auszugleichen und Nachteilen von Monokulturen zu begegnen. Die Preise der Bäume, die in Mengen zwischen 12

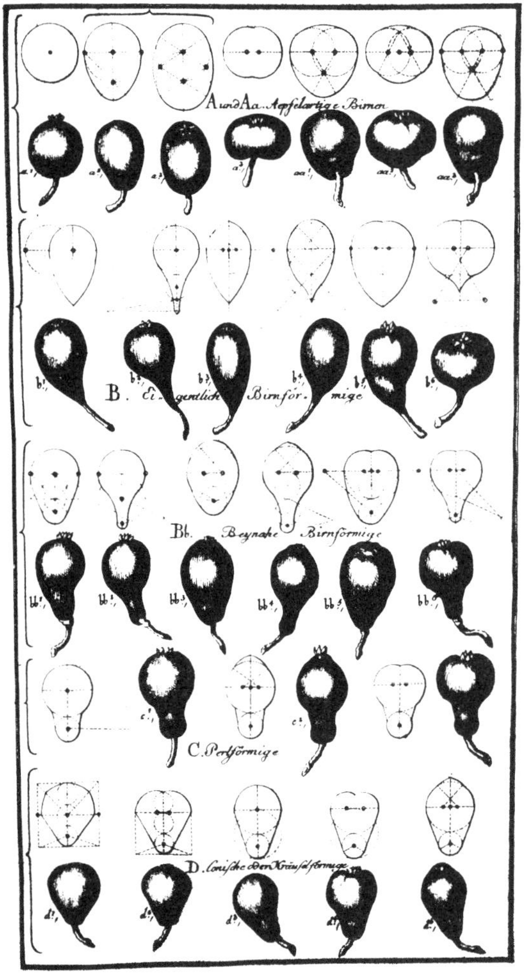

Oberhofbaurat Mangers System der Birnenklassifikation (aus: Manger 1780)

und 90 Stück geliefert wurden, betrugen zwischen drei Groschen und einem Taler.[46] Da die Rechnungen Niederstämme von Pyramiden unterscheiden, dürften es sich bei den Niederstämmen um *buissons* mit kesselförmiger Krone gehandelt haben. Heinrich Christian Eckstein, 1765–1796 Hofgärtner am Neuen Palais, hat diese Wuchsform anscheinend bevorzugt.

Es ist bekannt, daß Friedrich II. Steinobst mehr schätzte als Kernobst. Dennoch kultivierten seine Gärtner auch Birnen. Friedrich Z. Salzmann, seit 1767 neben Krutisch Hofgärtner zu Sanssouci, führt in seinem Büchlein *Pomologie oder Fruchtlehre* 70 Apfel- und stattliche 131 Birnensorten auf. Darunter waren 120 Tafel- und 11 Kochbirnen. Auch in seinen Ausführungen zur Kultur der Birnbäume erweist sich Salzmann als Schüler der Franzosen. Er spricht bei Sommer- und Herbstbirnen von Hochstämmen und Kesselbäumen, die auf Quitten, Weißdorn oder die Birnensorte 'Amadotte' veredelt sind. Bei Winterbirnen bevorzugt er die Spalierkultur. Für den Anbau im hiesigen Klima empfiehlt er französische Sorten wegen der langjährigen Kulturerfahrungen und der besseren Liefermöglichkeiten.

In den brandenburgischen Bauerngärten war an französische Birnensorten natürlich nicht zu denken. Ganz birnenlos war das Land aber nicht, dafür hatten die zahlreichen Pflanzedikte der Kurfürsten und Könige gesorgt, und da Birnen 300 Jahre alt werden können, gibt es in Brandenburg noch einzelne Birnbäume, die auf Pflanzungen um 1700 zurückgeführt werden können. Es dürfte sich jedoch um keine edlen Sorten handeln, denn bei aller sonstigen Ausführlichkeit machen die Edikte keinerlei Sortenvorgaben. Für das Volk, mochten die Herrscher gedacht haben, genügt Wirtschaftsobst.

Sprichwort

Zahnschmerzen hören auf, wenn man drei Hufnägel in einen Birnbaum schlägt.

Dagegen eiferten die Gutsherrn dem Hof nach und kultivierten französische Tafelbirnen. So Georg Friedrich Möller, der in seiner *Beschreibung der besten Kernobstsorten* (1759) der französischen Literatur folgt und meint, die deutschen Sorten verdienten keine Beschreibung. In seinem Verkaufssortiment führt er aber die 'Pfalzgrafen-' und die 'Kaiserbirne' auf.

Da es am Hofe Friedrichs mehr um eine Optimierung der Kulturformen als um die wissenschaftlich ausgerichtete Sortenkunde ging, legte der pomologisch interessierte Oberbaurat Heinrich Ludwig Manger 1764 eine eigene Sammlung an und versuchte in seiner 1780/83 erschienen *Pomologie,* eine systematische Ordnung in das große Obstsortiment zu bringen.

Dabei ging er von den Fruchtformen aus, die er nach den Regeln der Geometrie klassifizierte. Er wertete sämtliche verfügbaren Beschreibungen bis zurück zu Plinius aus. Was ihm vorschwebte, war ein allgemein anerkanntes Klassifikationssystem in der Pomologie, wie es Carl von Linné in der Botanik mit großen Erfolg aufgestellt hatte. Demonstrativ widmete Manger sein Buch nicht dem König, sondern dem Thronfolger, dem nachmaligen Friedrich Wilhelm II. Hätte sich Mangers Versuch, die Fruchtform zum maßgeblichen Kriterium der Klassifikation zu machen, durchsetzen können, wäre Potsdam schon hundert Jahre vor Jühlke und Lauche ein Zentrum der deutschen Pomologie geworden. So aber scheint man in Potsdam bis ins 19. Jahrhundert bei den Lehren La Quintinyes geblieben zu sein.

Unter dem Einfluß von Peter Joseph Lenné, der 1816 nach Potsdam kam, ging die Präsenz des Obstbaus in den königlichen Gärten zurück, und die landschaftliche Gartenkunst trat mehr in den Vordergrund.

● Lenné wollte ursprünglich sämtliche Obstquartiere im Park Sanssouci beseitigen, setzte dies aber nicht vollständig durch. Am Neuen Palais blieben vier von acht Obstquartieren mit Hecken bestehen.

● Seit 1824 lehrte der Hofgärtner Carl Julius Fintelmann an der Potsdamer Gärtnerlehranstalt und schrieb 1839 ein Buch über Obstbau. Es macht die ungeschmälerte Dominanz der französischen Lehren deutlich. Für Birnen empfiehlt Fintelmann Fächerbäume am Spalier, Pyramiden, die man an die Ecken der Quartiere setzte, sowie für einige Sorten Kesselbäume. Beim Spalier bevorzugt er das Lattengerüst und das Anbinden mit Weiden- oder Haselruten. Das Anschlagen von Filz- oder Lederstreifen an die Mauer erspare zwar die Latten, hingegen riesele Mörtel herab und beschädige die Früchte. Birnen könnten je nach Sorte an Ost-, West- und Südwände gepflanzt werden. Eine Liste fürs Spalier geeigneter, meist französischer, Sorten ist beigefügt. Erst ab dem achten Jahr, warnt der Hofgärtner, dürfe man am Birnenspalier Früchte erwarten. Waagerechte und schräge Spalierformen seien in Norddeutschland nicht üblich. Mit *»Kesselbaum«* oder *»Hohlform«* bezeichnet Fintelmann den Franzbaum der barocken Autoren.[47] Er erwähnt weder die Montreuil-Palmette mit zwei schrägen Hauptästen noch die mit waagrechten Ästen, obwohl beide Formen im Ausland schon lange in Gebrauch waren.

Weiterentwicklung des Formobsts

Mitte des 18. Jahrhunderts leitete Abbé Schabol die Aufmerksamkeit auf eine neu entwickelte Spalierbaumform, bei der der Leittrieb vollständig entfernt wurde und nur zwei etwa im 45-Grad-Winkel aufstrebende Äste belassen wurden.

Diese Form – sie wurde auch *Palmette à la Montreuil* genannt – wirkte geometrischer als die bisherigen. Sie und die ältere Form des Spalierbaums waren eigentlich für den Pfirsich entwickelt worden, eignete sich aber viel besser für Birnen- und Apfelbäume, die dem gleichen Schnitt unterworfen wurden.

Was man heute unter Spalierobst versteht, Obstbäume mit in die Senkrechte und in die Waagerechte geleiteten Ästen, ist keine besonders alte Kulturform. Sie taucht zuerst im 18. Jahrhundert in den Niederlanden und in England auf und kommt im 19. Jahrhundert nach Frankreich und Deutschland.

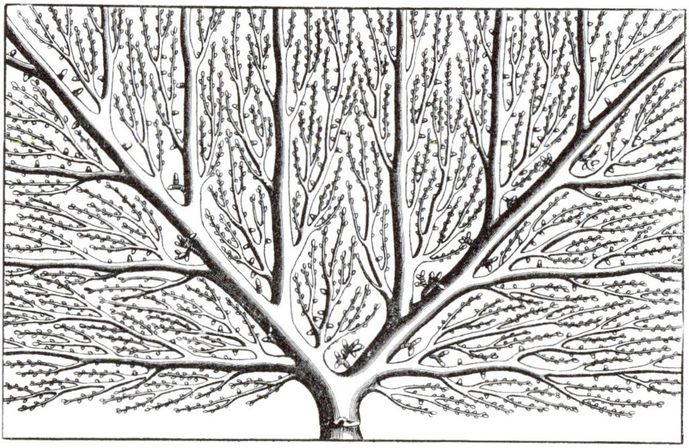

Palmette à la Montreuil (aus: Hitt 1767)

● In Deutschland finden wir die erste Anleitung zu Spalierbäumem mit waagerechten Ästen in *Einige Beobachtungen über die Zucht der Obstbäume zu Spalieren*, die 1796 erstmals in Prag erschienen. 1803 brachte Johann Volkmar Sickler eine kommentierte Übersetzung heraus, die unter dem Namen des französischen Obstgärtners Etienne Calvel lief.

● In Frankreich wurden die Schnittechniken auch danach fortwährend verbessert. Wichtige Formen waren:

● Schrägstehende Bäume (*cordons obliques*), erstmals 1843 von Alphonse Dubreuil publiziert, aber schon früher vorhanden.

● Der Armleuchter (*candelabre*) mit senkrechten Ästen, die von einem tief sitzenden waagerechten Ast abgehen, zuerst von André Thouin († 1820) für den Pfirsich verwendet.

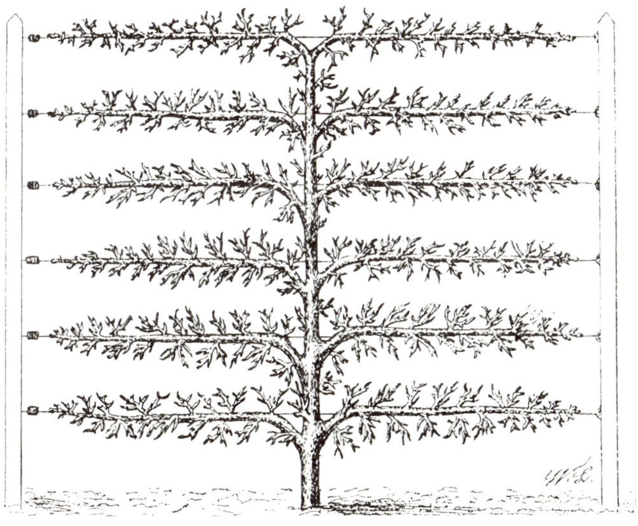

Spalierbaum (aus: Lauche, *Handbuch,* 1882)

- die U-Formen, bei denen der Baum in ein bis vier U-Formen geteilt wird, die nebeneinander gereiht sind, von Baudinat, Gärtner in Meaux (Seine-et-Marne) um 1850 aufgebracht.
- Der *cordon* (Schnurbaum), der nur noch einen oder zwei Äste hatte, die in der Regel 40 cm über derm Boden horizontal geführt wurden. Er entstand offenbar aus Übertragung einer Technik für die Weinrebe auf das Kernobst und wurde um 1840 von Jean-Laurent Jamin, Baumschulbesitzer in Bourg-la-Reine (Hauts-de-Seine) entwickelt und von Hardy empfohlen.
- Rein ornamental begründet waren:
- Elaborierte Becherform (*vase*), von Reifen in Form gehalten (bei Noisette 1826).
- Palmetten in Kreis-, Lyra- oder Monogramm-form, seit Napoleons Zeit verwendet.

Cordon in Versailles

● Die wohl wichtigste neue Form war die sogenannte Verrier-Palmette mit konzentrischen U-Formen abnehmender Größe, benannt nach Louis Verrier, einem Gartenbaulehrer der sie um 1850 entwickelte.

● Julien-Alexandre Hardy empfahl sie 1853 in seinem Baumschnittbuch 1853, das 1854 in deutscher Bearbeitung von Hermann Jäger erschien. Sie gewährte nach Gaucher am ehesten ein gleichmäßiges Wachstum der senkrechten Zweige und war für 3–16 senkrechte Zweige geeignet. U-Formen mit senkrechten Ästen wurden zur Hauptform für Birnenspaliere.

● Die Vielfalt der Spalierformen im 19. Jahrhundert erinnert an den Eklektizismus in der Kunst dieser Zeit.

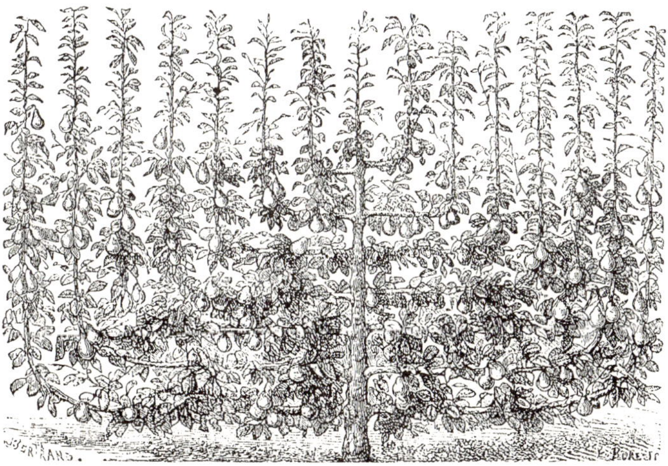

Verrier-Palmette

'Weiße Herbstbutterbirne' (aus: Lauche, *Pomologie* 1882)

Das Birnensortiment der Königlichen Landesbaumschule Potsdam

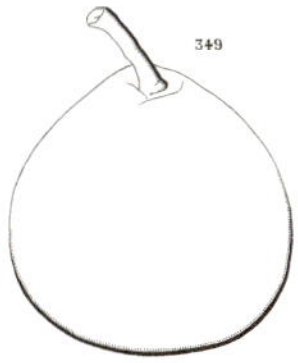

Birne 'Frédéric le Prusse'

Die Vorlieben der Könige spielten vor Gründung der Landesbaumschule 1822 eine besondere Rolle bei der Sortenwahl nicht nur in den königlichen, sondern auch in den privaten Anlagen.

● So hatte 1791 Friedrich Wilhelm II. befohlen, in Zukunft 'Weiße' und 'Graue Herbstbutterbirne' anzupflanzen.[48] Die 'Weiße Herbstbutterbirne' gehörte auch zum Lieblingsobst Friedrich Wilhelms III. und wurde deshalb zum Beispiel in Gütergotz vorherrschend angepflanzt.[49]

● Später bemühte sich die Potsdamer Landesbaumschule um ein ausgewogeneres Sortiment und bot 1828 schon 74 Birnen- und 93 Apfelsorten an, als Pyramiden- und Niederstämme. Hier zeichnet sich bereits im Verhältnis zu den Apfelsorten ein Rückgang der von Frankreich ausgehenden Birnenleidenschaft ab. Im 19. Jahrhundert verschwanden viele französische Birnensorten des Barock. Neue Birnensorten kamen aber weiterhin aus dem Westen, neben Frankreich vor allem aus Belgien von dem Obstzüchter Jean-Baptiste van Mons in Löwen. So konnte man 1828 in Potsdam 'Napoleons Butterbirne' neben 'Frédéric de Prusse' kaufen.

● Beide Sorten hatte Mons erst kürzlich gezogen. 1825 lobte Diel den von Mons erhaltenen Baum 'Frédéric de Prusse': »*wächst ungemein lebhaft und gut mit seinen stärken Ästen hoch und schön in die Luft, bildet eine fast pyramidalische Krone, und belaubt sich vortrefflich. Er setzt ungemein viel Fruchtholz an, das sehr bald jährlich und reichlich trägt.*«[50] Diese Sorte wollte man in Potsdam keinesfalls missen, da sie aber die hohen Erwartungen nicht erfüllte verschwand sie bald wieder, ohne daß eine farbige Abbildung von ihr veröffentlicht worden wäre.

Außer den in den Katalogen vorhandenen Sorten war in der Landesbaumschule eine weit größere Zahl von Mutterbäumen vorhanden. In den *Verhandlungen* des Gartenbauvereins aus dem Jahr 1834 sind insgesamt 363 Birnensorten und 644 Apfelsorten erwähnt. Aus dieser Fülle wurde in der Versammlung vom 7. September 1834 eine große Auswahl reifer Birnen und Äpfel vorgelegt. Darunter befanden sich als vorzüglich bezeichnete Sommerbirnen folgender Sorten: 'Grüne Hoyerswerder', 'Römische Schmalzbirne', 'Ordensbirne', 'Blutbirne', 'Frühe Schweizer Bergamotte', 'Grüne Sommer-Muskateller', 'Lange Grüne Sommerbirne', 'Sommerapothekerbirne' und 'Poire sans peau'.

1839 beschreibt der Hofgärtner Carl Fintelmann 251 Birnensorten. Die Sorten gliedert er nach Reifemonaten bzw. Monaten, in denen die Früchte nach längerer Lagerung genußreif sind. Es sind dabei alle Monate des Jahres vertreten, wobei naturbedingt die Zahl der Sorten in der Spanne von April bis Juli deutlich geringer ist.

Außerdem ordnet er den entsprechenden Abschnitten Empfehlungslisten über »*vorzügliche Tafelfrüchte*«, »*Birnen zur Versendung*«, »*Birnen als Back- und Wirtschaftsobst*« sowie »*Birnen zur Weinbereitung*«. zu. Selbst für die Kultur von Obstbäumchen in Töpfen schlägt er zehn geeignete Sorten vor, mit der Bemerkung, das sich für diese die Pyramidenform besonders eignet.

Die 'Herbstbergamotte' ist als Tafel- und Wirtschaftsobst eingeordnet, die 'Winterapothekerbirne', früher so gelobt, ist nur

'Osterbergamotte' (aus: Duhamel 1807–1835)

'Winter-
dechantbirne'
(aus: Lauche,
Pomologie
1882)

'Boscs
Flaschenbirne'
(aus: Lauche,
Pomologie
1882)

noch Wirtschaftsobst. Viele barocke Favoriten sind noch vertreten, der Vormarsch neuer Sorten ist jedoch unverkennbar. Fintelmanns Sortenempfehlungen fürs Spalier sind bis auf die 'Winterdechantsbirne' (1819), 'Supreme Coloma' und einige schon genannte neue immer noch die alten französischen Sorten wie 'Osterbergamotte', 'Lange Mundnetzbirne', 'Graue Herbstbutterbirne' und 'Hermannsbirne' ('St. Germain').

- 1842 wurden im Katalog der Landesbaumschule 80 Birnensorten angeboten, unter Angabe des Reifemonats von August ('Sommer-Blutbirne', 'Stuttgarter Geißhirtle', 'Leipziger Rettigbirne') bis April ('Italienische Winter-Bergamotte'). Sternchen gaben an, ob die Sorte als Hoch- oder Niederstamm oder beides vorrätig war. Pyramiden waren nicht mehr im Sortiment.
- 1853 wurde das insgesamt vorhandene Sortiment der Landesbaumschule auf 850 Apfel- und 500 Birnensorten geschätzt. Im Verkauf gab es 1855 aber nur 75 Birnensorten, darunter einige Neuheiten aus Belgien.
- Im Oktober des Jahres 1853 fand unter der Regie des Berliner Gartenbauvereins die erste gesamtdeutsche Wein-, Obst- und Gemüseausstellung in Naumburg statt. Im fünfseitigen Bericht über die Potsdamer Landesbaumschule steht unter anderem, daß das Obstsortiment circa 500 Sorten Birn-Bäumen enthielt. Die Obstsorten waren aus »*zuverlässigen deutschen, französischen und englischen Baumschulen nach und nach bezogen worden. Erst wenn sie geprüft sind und ihr Werth festgestellt ist, werden sie vermehrt und verbreitet. Ein besonderes Interesse hat es, daß auch das Wertvolle aus hiesiger Gegend und den benachbarten Provinzen sorgfältig gesammelt und vermehrt wird*«.[51]

Ziele der die Ausstellung begleitenden Fachtagung der anwesenden Obstspezialisten waren eine deutschlandweit gemeinsame Zusammenarbeit, die einen Überblicks über den Stand der Obst- und Gemüsekultur ermöglichte, sowie eine Vereinheitlichung der sehr heterogenen Obstbenennung. Zu diesem Zwecke wurden verschiedene Fachsektionen gegründet. Unter der Prämisse der Vereinheitlichung und Reduzierung auf möglichst in ganz Deutschland anbauwürdige Sorten schlugen die Obstbau-Spezialisten zehn Birnensorten vor, »*welche unter allen Umständen empfohlen werden könnten*«: 'Weiße Herbstbutterbirne', 'Grumbkower Winterbirne', 'Capiaumonts Herbstbutterbirne', 'Colomas Herbstbutterbirne', 'Napoleons Herbstbutterbirne', 'Forellenbirne', 'Colomas Köstliche Winterbirne', 'Hardenponts Winterbutterbirne', 'Großer Französischer Katzenkopf' und 'Winterapotherkerbirne'.[52]

Mit der Folgeausstellung, die im Oktober 1857 in Gotha stattfand, begann die Phase der Sortenreduzierung, die für den deutschen Normalverbraucher das Sortiment zwar vereinheitlichte und übersichtlicher machte, andererseits aber auch zum Verschwinden wertvoller regionaler Sorten führte.

So machen bis heute französisch-belgische Sorten den Hauptanteil des Birnensortiments aus. Erst spät kamen aus England die beliebten Sorten 'Williams Christ' und 'Conference' dazu.

Birnbaum
in der
Alexandrowka,
Potsdam

Palmetten für Potsdam

Nachdem 1866 Ferdinand Jühlke Gartendirektor geworden war, reduzierte er das Sortiment der Landesbaumschule von 480 auf 50 Birnensorten, die nach ihrer Eignung für verschiedene Zwecke und Standorte ausgewählt waren. Im Ananasrevier legte er eine neue Obstplantage für Sanssouci mit auf Quitten veredelten Birnen an. An der von ihm neu eingerichteten Gärtnerlehranstalt am Wildpark ließ er durch seinen Garteninspektor Wilhelm Lauche drei sehenswerte Obstmustergärten anlegen.

● In dem 1870 als erstes geschaffenen ›Spalier- und Zwergobst-Muttergarten‹ pflanzte Lauche 1 100 Obstbäumchen, darunter die 50 ausgewählten Birnensorten.

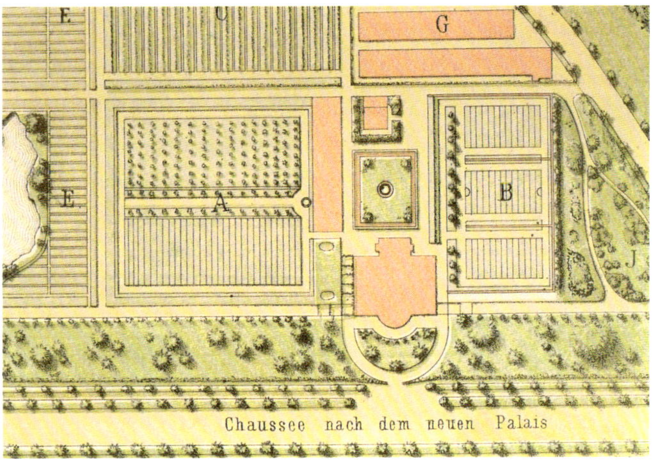

Obstgärten von Lauche an der Gärtnerlehranstalt, (aus: Lauche 1872)

Dabei waren selbstverständlich die besten Tafelbirnen der Zeit wie 'Gute Luise von Avranches', 'Passe Crassane' und die empfindliche 'Köstliche von Charneu', aber auch alte Kochbirnen wie 'Kampervenus', 'Kuhfuß' und die zum Dörren geeignete 'Römische Schmalzbirne'. Aus seiner früheren Gärtnerei südlich des Bahnhofs Wildpark übernahm er einige *»von ihm meisterhaft gezogene Obstbäume«*. Es waren bis zu 8 Fuß hohe Palmetten und Pyramiden. In den Rabatten wurde ›Obst-Orangerie‹ in Töpfen aufgestellt. Lauches Grundriß zeigt 849 numerierte Bäume. Links war das Palmettenquartier (I), rechts das Pyramidenquartier (II). In beiden Hälften standen überwiegend Birnen und Äpfel in gleichen Anteilen. Lauche verwendete hier für Birnen neben der Armleuchter- oder Verrierpalmette mit drei, fünf, und sechs senkrechten Ästen die doppelte Kandelaberpalmette, *Cordons*, doppelte U-Form, *Cordon oblique*, Pyramiden und Spindelpyramiden. Dazu veröffentlichte er eine komplette Liste der Sorten, Schnittformen und Unterlagen.[53]

Pyramide (aus: Lauche, *Handbuch*, 1882)

Besonders empfahl Lauche Palmetten und Armleuchterpalmetten. »*Es sind dies diejenigen Formen, welche leicht zu ziehen sind, wenn man sich vorher nur genau die Zeichnung durch Farbe an der Wand oder Stäbe am freistehenden Spalier bezeichnet und welche die Wand oder das Spalier gleichmässig in einer dem Auge wohlthuenden Form bekleiden. Die meisten künstlichen Formen* [...] *haben oft keinen andern Zweck, als zur Ausschmückung der pomologischen Werke zu dienen. Bei uns findet man sie meistens auch nur in den Büchern, während man in Frankreich mehr diesen pomologischen Spielereien huldigte, und sogar Namen wie: Napoleon, Eugenie u.s.w. an den Mauern formirte, wie man es z.B. in Montreuil in dem Lepèreschen Etablissment sehen konnte. Für grosse Flächen, die man schnell bekleiden will, und wo der Besitzer bald Obst zu erhalten wünscht, sind die schrägen Guirlanden (Cordon oblique) und die einfache und doppelte U-Form zu empfehlen [...]. Zu Einfassungen der Wege und Beete sind die wagerechten, doppelten und zweiarmigen Guirlanden (Cordon) als hübsche, leicht zu behandelnde Form zu empfehlen. Sie tragen bei richtiger Auswahl der Sorten und Unterlagen reichlich und alljährlich, liefern grosse, delicate Früchte und sind eine vorzügliche Zierde für jeden Garten.«* [54] Für Cordons waren nach Lauche die Sorten Gute Luise von Avranches, Diels und Clairgeaus Butterbirne geeignet.

● Lauche war stolz darauf, daß von den 1 100 Bäumen, die er 1870 gepflanzt hatte, im darauffolgenden extrem kalten Winter nur sieben Stück erfroren. Er hatte alle Bäume um den Stamm herum sechs Zoll stark mit Mist belegt, und das Holz war »*in der warmen Lage und bei dem richtigen Herbstschnitt gut reif geworden*«. [55]

● Als nächstes wurde im Frühjahr 1871 der ›Obst-Muttergarten‹ mit Hochstämmen bepflanzt. Hier standen zunächst je 50 Apfel-, Birnen-, Kirschen- und Pflaumensorten in je einem Exemplar. 1882 waren es 250 Hochstämme, 800 Pyramiden und 1 100 Cordons: »*Da diese Obstsortimente sich in einer Staatsanstalt befinden, so ist auch ihre Erhaltung gesichert*«,[56] so hoffte Lauche, was sich aber nicht bewahrheitete. Beide Anlagen sind heute vollständig verschwunden.

● Schließlich folgte im Herbst 1871 der Bau der dritten Obstanlage, wo Lauche den Baumschnitt praktisch lehrte. Diese Instruktionsmauern sind erhalten, verfallen aber zunehmend.

● »*Zur Beobachtung der ausstrahlenden und absorbierenden Wärme*« war die erste Abteilung schwarz, die zweite weiß und die

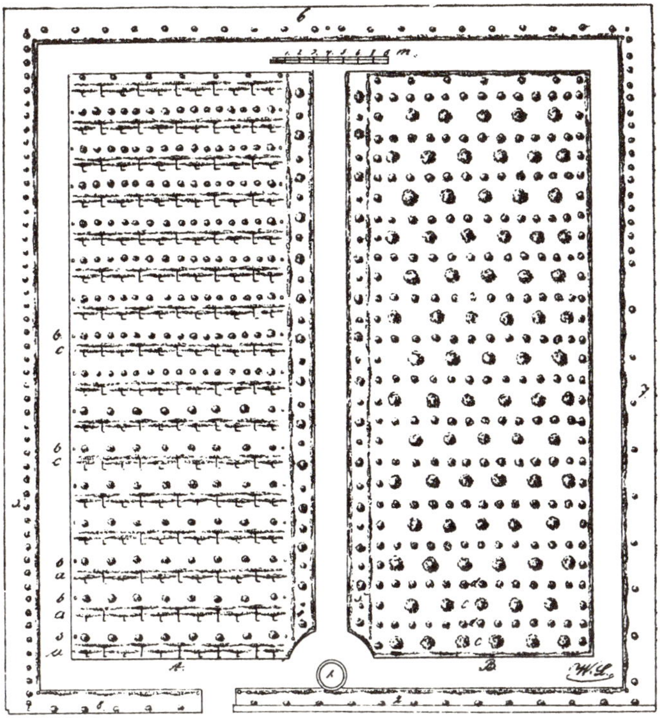

Spalier- und Zwergobstmuttergarten an der Gärtnerlehranstalt
(aus: Lauche, *Handbuch,* 1882)

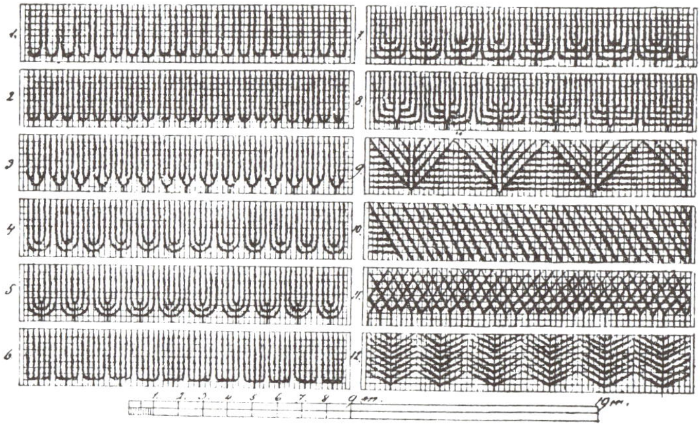

Spalierformen an den Instruktionsmauern der Gärtnerlehranstalt (aus: Lauche, *Handbuch,* 1882)

Die Instruktionsmauern heute

dritte grau gestrichen. Alle drei Abteilungen waren mit den gleichen Sorten bepflanzt. Die Birnen befanden sich als freistehende Spaliere mit horizontalen Ästen in den Gevierten (D) und als Pyramiden (L) und Kandelaberpalmetten (P) in zwei Reihen vor den drei Abteilungen (M, N, O, Q, R).[57]

● Lauche war durchaus skeptisch, was die Zukunft des Formobstes betraf, wollte jedoch nicht davon ablassen. Er schrieb 1872: »*Von manchen Seiten ist zwar dem Zwergobstbau seine Berechtigung abgesprochen worden und behauptet worden, dass er viel Arbeit verursache und wenig Vortheile biete und das auch das Interesse dafür in letzter Zeit bedeutend abgenommen habe. Für die National-Oekonomie hat er zwar nicht die Bedeutung und wird sie auch niemals erlangen, wie der Obstbau im Grossen durch Anpflanzungen von Hochstämmen in Gärten, geschlossenen Obstprairien und an Landstrassen; wo es sich indessen darum handelt, bald schönes, großes und vorzügliches Obst für die Tafel zu erhalten, werden wir ihn nicht entbehren können und er wird sich in den Gärten immer mehr Terrain erobern, wenn nur erst das Vorurtheil, die Unlust und Unkenntnis vieler Gärtner gegen diesen schönen Zweig der Gärtnerei gehoben sein wird.*« Viel läge auch an Wahl der richtigen Sorten. Wenn französische und belgische Birnen gepflanzt werden, »*die für unser Klima nicht passen, klein und rissig und oft nur reine Kohlrübe werden, wie es mir selbst häufig mit vielen neu verschriebenen sehr empfohlenen Birnen gegangen ist*«.[58]

● »*Das Fundament eines rationellen Obstbaues bleibt immer*«, so Lauche, »*die Sortenkenntniss. Bei dem meisten pomologischen Anpflanzungen wird gegen die richtige Auswahl der Sorten gesündigt und man hat daher oft über Missernten und mangelhafte Erträge zu klagen. Wer aus dem Obstbau Nutzen ziehen will, der treffe*

Sprichwort

Birnbaum,
Birnbaum
rüttle dich!
Birnbaum,
Birnbaum
schüttle dich!
Woher sich
wird mein Lieb
einstellen,
Daher laß mir
ein Hündlein
bellen.

die für seine Gegend, für die besonderen klimatischen, örtlichen und Bodenverhältnisse geeignete Wahl und beschränke sich auf eine möglichst geringe Zahl der anzupflanzenden Sorten«.[59]

Auf der großen Obstausstellung in der Orangerie im Jahre 1877 (siehe *Äpfel für das Volk*) hob Lauche 46 Birnensorten hervor, darunter die erst seit kurzem in Potsdam vorhandene 'Gute Luise von Avranches'. Der Obstbauverein in Werder lobte bei gleicher Gelegenheit ganz andere Sorten, was die unterschiedlichen Erfahrungen selbst in so nah benachbarten Anbaugebieten zeigt.[60] Es waren alles Sorten, die fünfzig Jahre früher in Potsdam noch unbekannt gewesen waren; überwiegend französische und belgische Neueinführungen.

In seine *Deutsche Pomologie* (1882) nahm Lauche zunächst 50 Birnensorten auf, 1883 folgten weitere 50 Sorten. Mit den brillanten Farbtafeln, die jede Sorte in Ansicht und Schnitt zeigen, setzte Lauche einen neuen Standard für Abbildungen in pomologischer Werken. Hier standen die neuen Sorten im Vordergrund, von denen einige heute noch in Potsdam verbreitet sind, wie 'Boscs Flaschenbirne', 'Clapps Liebling', 'Tongern', 'Gellerts Butterbirne', 'Jules Guyot' und 'Gute Luise von Avranches'. Vorurteilslose Prüfung ergab, daß auch einige ältere wie 'Römische Schmalzbirne', 'Rote Bergamotte', 'Weiße Herbstbutterbirne' und sogar einige deutsche Sorten wie 'Stuttgarter Geißhirtle' und 'Leipziger Rettigbirne' empfohlen werden konnten.

Der Autor betonte, daß *»der Obstbautreibende sich auf diejenigen Sorten der großen Auswahl beschränken solle, die den lokalen Verhältnissen seines Wohnsitzes entsprächen«.*[61]

Lauche testete hunderte Birnensorten auf ihre Eignung für den märkischen Sandboden und schied die meisten aus.

'Gute Luise von Avranches' (aus: Lauche, *Pomologie,* 1882)

'Clapps Liebling' (aus: Lauche, *Pomologie,* 1882)

24 Sorten zog er in die engere Wahl für Spalierbirnen, darunter 'Esperens Herrenbirne', 'Williams Christ', 'Vereinsdechant', 'Gute Luise von Avranches', 'Clairgeaus' und 'Amanlis Butterbirne', 'Köstliche von Charneu', 'Neue Poiteau' und 'Boscs Flaschenbirne'. Er ordnete sie auch in klassischer Weise den Reifemonaten zu, so daß von Juli bis Juni jeweils zwei Sorten reif waren. Für »*kleinere Anpflanzungen*« bedarf es daher nach Lauche »*nur*« zweimal 12=24 Spalierbirnbäume, um ganzjährig mit frischen Birnen versorgt zu sein.

● 1894 übernahm Theodor Echtermeyer die Leitung der Gärtnerlehranstalt. Nun wurde ein Teil der Hochstammquartiere und die Instruktionsmauern neu bepflanzt. Birnenpalmetten kamen in die mittleren Abteilung der Instruktionsmauern, darunter 'Blumenbachs Butterbirne', 'Clairgeuas Butterbirne', 'Herzogin von Angoulême', 'Josephine von Mecheln', 'Olivier de Serres' und 'Winternelis'. Lauches ›Spalier und Zwergobst-Muttergarten‹ wurde ohne Angabe von Gründen durch einen Staudengarten ersetzt.[62]

● Das Formobst kam in den Ruf, eine formale Spielerei zu sein. Es wurde viel und heftig über die richtige Kronenform gestritten, vor allem um die Berechtigung des Leittriebs. Ein Kompromiss zwischen Formobst und Hochstamm war der ›Buschbaum‹, den Alfred Gressent 1884 empfahl. Es war im Grunde der *buisson* der barocken Obstgärtner. Über einem Stamm von 50 Zentimeter entfaltete sich eine nur wenig geschnittene Krone ohne Leittrieb. Johannes Böttner d. Ä. aus Frankfurt an der Oder betonte, daß solche Kronen bei geringerem Einsatz auch ausreichenden Ertrag brachten. Er nannte die Idealform, für die er seit 1885 eintrat, »*Buschobst*«. Buschbäume eigneten sich für den erwerbsmäßigen Anbau. Damit war das Ende des Formobstbaus eingeleitet.

● Die Obstanlagen am Wildpark verschwanden erst nach dem Auszug der Gärtnerlehranstalt 1903.

Birnen (aus: Meyers *Konversationslexikon,* 1895)

Das 20. Jahrhundert

Seit der Gründerzeit wurde der plantagenmäßige und extensive Obstanbau entlang der Straßen in Brandenburg stark intensiviert.

Nach 1945 aber ist der Birnenanbau in Deutschland zurückgegangen, und die Importe von Tafelobst aus dem Süden haben zugenommen. Die am häufigsten angebauten Tafelbirnen in Mitteleuropa sind jetzt ‘Williams Christ’, ‘Boscs Flaschenbirne’, ‘Conference’, ‘Gute Luise von Avranches’ und ‘Alexander Lucas’.

Neuerdings gibt es Bemühungen zur Rettung der alten Sorten. In diesem Zusammenhang wurde auch in Potsdam der Bestand an alten Sorten erhoben und folgende 20 Birnensorten im Stadtgebiet kartiert:

‘Alexander Lucas’, ‘Augustbirne’, ‘Bergamotte’, ‘Blutbirne’, ‘Diels Butterbirne’, ‘Doppelte Phillipsbirne’, ‘Findling von Hohensaaten’, ‘Gellerts Butterbirne’, ‘Gräfin von Paris’, ‘Gute Graue’, ‘Gute Luise von Avranches’, ‘Hühner-’ bzw. ‘Zimtbirne’, ‘Köstliche von Charneu’, ‘Madame Verte’, ‘Nordhäuser Winterforelle’, ‘Pastorenbirne’, ‘Prinzessin Marianne’, ‘Rettichbirne’, ‘Six’ Butterbirne’ und ‘Williams Christ’.

Auf dem Potsdamer Markt auf dem Bassinplatz findet man noch weniger, im Umland angebaute und als verkäuflich geltende Sorten. 2003 sahen wir ‘Alexander Lucas’, ‘Boscs Flaschenbirne’ (‘Kaiserkrone’), ‘Conference’, ‘Gellerts Butterbirne’ und ‘Gute Luise von Avranches’.

Im Vergleich zu den 480 Birnensorten, die Lenné in Potsdam kultivierte, eine wahrlich spärliche Auslese. Immerhin wurden in der Kolonie Alexandrowka 67 Birnensorten neu gepflanzt.

Quellen

1 Kutzelnigg, Herfried; Silbereisen, Robert in: Hegi 1995. 2 Athenaios von Naukratis: *Das Gelehrtenmahl,* Kap. 14, 63, 65. 3 Plutarch: Vit., Q. Gr. 51. 4 Pausanias, Kap. 2, 17. 5 Homer: *Odyssee,* 7. Gesang. 6 Boetticher 1856, S. 311. 7 Theophrast, *Historia Plantarum* 4, 4, 2. 8 Albertus Magnus: *De vegetabilibus,* Kap. 14. 9 *Regimen sanitatis Salernitanum,* Kap. 39. 10 Cöler, *Calendarium* 1600, S. 178. 11 Cöler ebd. S. V4v. 12 Athenaios von Naukratis: *Das Gelehrtenmahl,* aus dem Griechischen von U. Treu, Leipzig 1985. 13 *Theatrum sanitatis* 1426, Kap. XII. 14 Estienne/ Liébault, livre 3, ch. 29. 15 Serres, lieu 7, ch. 27. 16 Bonnefons 2001, S. 15, 25. 17 Serres, 6. Lieu, 20. Kap., 1996, S. 924. 18 Bonnefons 2001, S. 12, in Anlehnung an die Übersetzung von Greflinger. 19 Bonnefons 2001, S. 12. 20 Bonnefons 2001, S. 16, in Anlehnung an die Übersetzung von Greflinger. 21 Le Gendre, ed. 1655, S. 173f. in Anlehnung an die Übersetzung von 1690 22 Le Gendre 1655, S. 121f. in Anlehung an die Übersetzung von 1690 23 Le Gendre 1655, S. 136–140, in Anlehnung an die Übersetzung von 1690 24 Le Gendre 1655, S. i8v–o2r, Übersetzung Wimmer. 25 Dézallier 1777, das Wort bereits bei Triquel 1657. 26 Dézallier 1777. 27 Loudon 1828, §2154. 28 Bonnefons 2001, S. 14, in Anlehnung an die Übersetzung von Greflinger. 29 Le Gendre 1655, S. 199f. 30 La Quintinye 1999, S. 555–557. 31 Triquel 1657, S. 96. 32 Dümler 1664, S. 125. 33 Elsholtz 1684, S. 278. 34 Ebd. S. 305f. 35 La Quintinye 1999, S. 275f. 36 La Quintinye 1999, S. 554. 37 La Quintinye 1999, S. 272f. 38 Rohr 1722, S. 570. 39 Bekmann, Johann Christoph: *Historische Beschreibung der Chur- und Mark Brandenburg.* Berlin 1751–53. 40 Knoop 1753, S. 453. 41 Kemmer 1931, S. 443. 42 Noisette, 2. Bd., 1 Teil, 1826, S. 251. 43 Calvel 1802, S. 68f. 44 Übersetzung Wimmer. 45 Pluche 1741, S. 103f. 46 Staatsarchiv Oldenburg, Bestand 271–25 Nr. 52 Nachlaß Karoline Schulze. 47 Fintelmann 1839. 48 Geheimes Staatsarchiv PK, I. HA., Rep. 94, Nr. 814, S. 268f. 49 Wie Anm. 46, Akte 77 (26c), 24.2.1815. 50 Diel, Bd, 3, 1825, S. 257–260. 51 *Verhandlungen des Vereins zur Beförderung des Gartenbaues* N.R. 1 (1853), S. 479. 52 Ebd. S. 463. 53 Lauche 1872, S. 181–193. 54 Lauche 1872, S. 105. 55 Lauche 1872, S. 102 56 Lauche, *Handbuch,* S. 485. 57 Lauche 1872, S. 78, 204–206. 58 Lauche 1872, S. 99f. 59 Lauche, *Handbuch,* S. 194. 60 *Verhandlungen der VIII. Versammlung Deutscher Pomologen und Obstzüchter,* Potsdam 1877, S. 158f. 61 Lauche, *Handbuch,* S. 196f. 62 Echtermeyer 1899, S. 51.

Häufig genannte Birnensorten in Potsdam und Umgebung

Name mit Erstnachweis in Europa	Cöler 1595	Elsholtz 1672	Möller 1759	Malchow 1791	LBS 1828	Fintelmann 1839	LBS 1855	Lauche 1872	Ausstellung 1877	Lauche 1882/83	Goethe 1890	Ausstellung 1891	1894	Ausstellung 1901	heute
Winterapothekerbirne 1483	●	●	●	●	●										
Honigbirne 1531	●		●												
Kleine Muskateller 1531	●	●	●		●	●									
Rote Pfalzgräfin 1531	●	●	●												
Römische Schmalzbirne 1530		●			●	●	●			●					
Herbstbergamotte 1533		●	●	●		●	●								
Bergamotte Bugi 1559		●	●	●	●	●	●								
Sommerapothekerbirne 1596		●	●	●	●	●	●	●						●	
Graue Herbstbutterbirne 1628		●	●	●	●	●	●	●		●				●	
Runde Mundnetzbirne 1628		●	●	●		●									
Virgouleuse 1651		●	●	●	●	●	●								
Wildling aus Héri		●	●			●	●								
Weiße Herbstbutterbirne 1531			●	●		●	●	●		●		●			
Sparbirne 1628			●		●	●	●			●					
Hermannsbirne 1675			●	●	●	●	●								
Crassane 1688			●	●	●	●									
Colmar 1688			●	●		●	●								
Frauenschenkel 1587				●	●	●	●	●							
Gute Graue 1628					●	●	●	●		●	●				●
Russelet aus Reims 1628					●	●		●							
Wildling aus La Motte 1685					●	●	●			●		●			
Punktierter Sommerdorn 1750						●		●	●	●					
Stuttgarter Geißhirtle 1795					●	●	●		●						●
Forellenbirne 1802					●	●	●			●	●	●			
Napoleons Butterbirne 1808					●	●	●	●	●	●		●	●	●	●
Grumbkower Butterbirne 1806					●	●	●	●	●	●		●	●	●	●
Diels Butterbirne 1816					●		●	●	●	●	●	●	●	●	●

	Cöler 1595	Elsholtz 1672	Möller 1759	Malchow 1791	LBS 1828	Fintelmann 1839	LBS 1855	Lauche 1872	Ausstellung 1877	Lauche 1882/83	Goethe 1890	Ausstellung 1891	1894	Ausstellung 1901	heute
Winterdechantsbirne 1805						●	●			●		●			●
Colomas Herbstbutterbirne 1808						●	●	●		●		●	●	●	●
Hardenponts Winterbutterbirne 1806						●	●	●		●		●			●
Prinzessin Marianne 1811						●	●								●
Capiaumonts Herbstbutterbirne 1816					●	●	●	●		●					●
Köstliche aus Charneu 1825						●	●	●	●	●		●	●	●	●
Boscs Flaschenbirne 1807					●	●	●	●	●	●	●	●	●	●	●
Amanlis Butterbirne 1805								●		●					●
Williams Christ 1811								●	●	●	●	●	●	●	●
Herzogin von Angoulême 1812								●	●	●	●	●	●		
Gute Luise von Avranches 1827								●	●	●	●	●	●	●	●
Esperes Herrenbirne 1831								●		●	●	●	●		●
Gellerts Butterbirne um 1830								●		●	●	●	●		●
Blumenbachs Butterbirne 1838								●	●	●	●	●	●		●
Neue Poiteau 1844								●		●	●	●	●		●
Clairgeaus Butterbirne 1849							●	●	●	●	●	●	●		●
Vereinsdechant 1849								●		●					●
Tongern 1851								●		●		●			●
Olivier de Serres 1862								●							
Andenken an den Kongreß 1867								●				●			
Madame Treyve 1834									●	●					
Josephine von Mecheln 1843										●			●		●
Clapps Liebling 1867										●					
Alexander Lucas 1874													●		●
Gräfin von Paris 1889															●
Conference 1894															●

Literatur

Beccaletto, Jacques: *Encyclopédie des formes fruitières: »Les modes de conduite«: un métier, un art, une passion.* Arles 2001

Boelcke, Carl: *Herr von Ribbeck auf Ribbeck im Havelland, ein Birnbaum in seinem Garten stand.* Faltblatt. Ev. Kirchengemeinde Ribbeck

Boetticher, Carl: *Der Baumkultus der Hellenen.* Berlin, 1856

Bonnefons, Nicolas de: *Le jardinier françois.* Paris 1651. – Neuausgabe u.d.T. *Le jardinier français.* – [Paris] 2001. – Dt. von Georg Greflinger, Hamburg 1665

Büttner, Rolf: Die Wildbirne – Baum des Jahres 1998. In: *Erwerbsobstbau* 40 (1998), S. 66–68

Calvel, Etienne: *Des arbres fruitiers pyramidaux, vulgairement appellés quenouilles.* Paris 1802. Dt. von Johann Volkmar Sickler, Prag 1803

Cöler, Johann: *Calendarium perpetuum, et 6 libri oeconomici.* Wittenberg 1603/4

Courtois, Stéphanie de: *Le Potager du roi = The King's vegetable garden. – Nouvelle éd. revue, augmentée.* [Arles], 2003

Dahuron, René: *Traité de la taille des arbres, & de la maniere de les bien elever.* Celle 1692 und viele Auflagen

D[ézallier d'Argenville, Antoine-Nicolas]: *Dictionnaire du Jardinage.* Paris 1777

Diel, August Friedrich Adrian: *Systematische Beschreibung der vorzüglichsten in Teutschland vorhandenen Kernobstsorten.* 6 Bde. Stuttgart 1821–32

Duhamel de Monceau, Henri Louis: *Traité des arbres fruitiers.* Neuausgabe Paris 1807–1835.

Dümler, Wolfgang Jacob: *Obsgarten.* Nürnberg 1661, 2. Aufl. 1664

Echtermeyer, Theodor: *Die Königl. Gärtner-Lehranstalt am Wildpark bei Potsdam.* 1824–1899. Berlin 1899

Einige Beobachtungen über die Zucht der Obstbäume zu Spalieren, oder Versuch einer theoretisch-praktischen Anleitung zur Zucht dieser Bäume. Prag 1796

Elsholtz, Johann Sigismund: *Vom Garten-Baw.* 1. Aufl. 1666. 2. Aufl. Cölln a.d. Spree, 1672, 3. Aufl. 1684, hiernach Repr. Leipzig 1987

Fintelmann, Carl: *Die Obstbaumzucht. Eine praktische Anleitung.* Berlin 1839

Fontane, Theodor: *Wanderungen durch die Mark Brandenburg.* Spreeland. 1. Auflage, Berlin 1979

Gallesio, Giorgio: *Pomona Italiana.* Pisa 1817–39.

Goethals, Johannes: *De Snoeikonst der Ooft- of Vruchtboomen, Regelmaatig ontwopren.* Haarlem 1731

Hardy, Julien-Alexandre: *Traité de la taille des arbres fruitières.* Paris 1853. Dt. von Hermann Jäger 1854, 2. Aufl. 1860

Hegi, Gustav: *Illustrierte Flora v. Mitteleuropa.* Bd. 4/II B, Berlin; Wien 1995

Hitt, Thomas: *Treatise of fruit-trees.* 2nd ed. London 1767

Hohberg, Wolfgang Helmhard v.: *Georgica curiosa aucta.* 2.Aufl. Nürnberg 1687

Kemmer, E.: Historisch-kritische Betrachtungen zur Frage der Kronenform der Obstbäume. In: *Die Gartenbauwissenschaft* 5 (1931), S. 429–456

Knoop, Johann Hermann: *Beschouwende en werkdadige Hovenier-Konst.* Leeuwarden 1753

Kuitert, Wybe; Freriks, Jan: *Hovenierskunst in palmet en pauwstaart: geschiedenis en techniek van het snoeien van leifruit.* Rotterdam 1994

Jühlke, Ferdinand (Hrsg.): *Die Königliche und Gärtnerlehranstalt zu Potsdam.* Berlin 1872

La Court van der Voort, Pieter: *Les agremens de la campgagne.* Leiden 1750

La Quintinye, Jean de: *Instruction pour les jardins fruitiers et potagers.* Paris 1690. – Zuletzt Arles 1999. Onlineversion: http://gallica.bnf.fr

Lauche, Wilhelm: *Ueber den Herbstschnitt, die verschiedenen Unterlagen und anzupflanzende Sorten der Zwergobststämme.* In: Jühlke 1872, S. 99–108

Lauche, Wilhelm: *Handbuch des Obstbaues.* Berlin 1882

Lauche, Wilhelm: *Deutsche Pomologie.* Berlin 1882: Bd. 1 *Äpfel,* Bd. 2 *Birnen,* Bd. 3 *Kirschen, Pflaumen,* Bd.4 *Aprikosen, Pfirsiche, Wein,* 2. Folge 1883: Bd. 5 Äpfel, Bd. 6 *Birnen*

Le Gendre, Antoine: *La Manière de cultiver les arbres fruitiers.* Paris 1652. – Zuletzt Paris 1993 unter dem Verf. Robert Arnauld d'Andilly. – Dt. Frankfurt; Leipzig 1690.

Lepère, Alexis: *Pratique raisonnée de la taille du pêcher.* 2e ed. Paris 1846. Dt. Weimar 1861

Loudon, John Claudius: *An Encyclopaedia of Gardening.* 2nd ed. London 1828

Manger, Heinrich Ludwig: *Vollständige Anleitung zu einer systematischen Pomologie.* 2 Bde. Leipzig 1780/83

Marquardt, Rolf: Die Wildbirne, Baum des Jahres 1998 – Eine Nachlese. In: *Beiträge zur Gehölzkunde* 1999, S. 182–183

Möller, Georg Friedrich: *Beschreibung der besten Kernobstsorten.* Berlin 1759

Noisette, Louis: *Vollständiges Handbuch der Gartenkunst.* Stuttgart 1826–30
Pluche, Antoine: *Le spectacle de la nature.* Bd. 2, Paris 1741
Rohr, Julius Bernhard v.: *Vollständiges Ober-Sächsisches Haußwirthschaffts-Buch.* Leipzig 1722
Salzmann, Friedrich Zacharias: *Pomologie oder Fruchtlehre.* Potsdam 1774, 2. Aufl. Berlin 1793
Schabol, Roger: *La pratique du jardinage.* Paris 1770.
Serres, Olivier de: *Le Théatre d'Agriculture et Mesnage des Champs* (1600). Neuauflage Arles 1996
Switzer, Stephen: *The Practical Fruit-Gardener.* London 1724
Triquel, R.: *Instruction pour les arbres fruictiers.* 2. Aufl. Paris 1657
Wallach, Klaus: Des arbres frutiers élévés en espalier oder: Die Kunst des Spalierbaums in der 2. Hälfte des 17. Jhs. In: *Die Gartenkunst 1* (1989), S. 193–205
Wheeler, William: *Le potager du roi.* Paris 1998
[Zinck, Justus Heinrich und nicht:] Knoop, Johann Hermann: *Pomologia.* 2. Teil, Nürnberg 1766

Autoren

Marina Heilmeyer ist freie Mitarbeiterin des Botanischen Garten und Botanischen Museum Berlin-Dahlem. Seite 6–11/22–37

Dr. Lutz Grope ist Gartenbauingenieur in Berlin. Seite 13–15/19–21

Gerd Schurig ist wissenschaftlicher Mitarbeiter der Gartendirektion in Potsdam-Sanssouci Seite 80–84

Dr. habil. Clemens Alexander Wimmer ist freier Gartenschriftsteller in Potsdam. (Übrige Texte)

In der Reihe Potsdamer Pomologische Geschichten sind bereits erschienen:

Kirschen für den König

ISBN 3-930752-18-2

Äpfel fürs Volk

ISBN 3-930752-21-2

Die Melonen der Monarchen

ISBN 3-930752-27-1

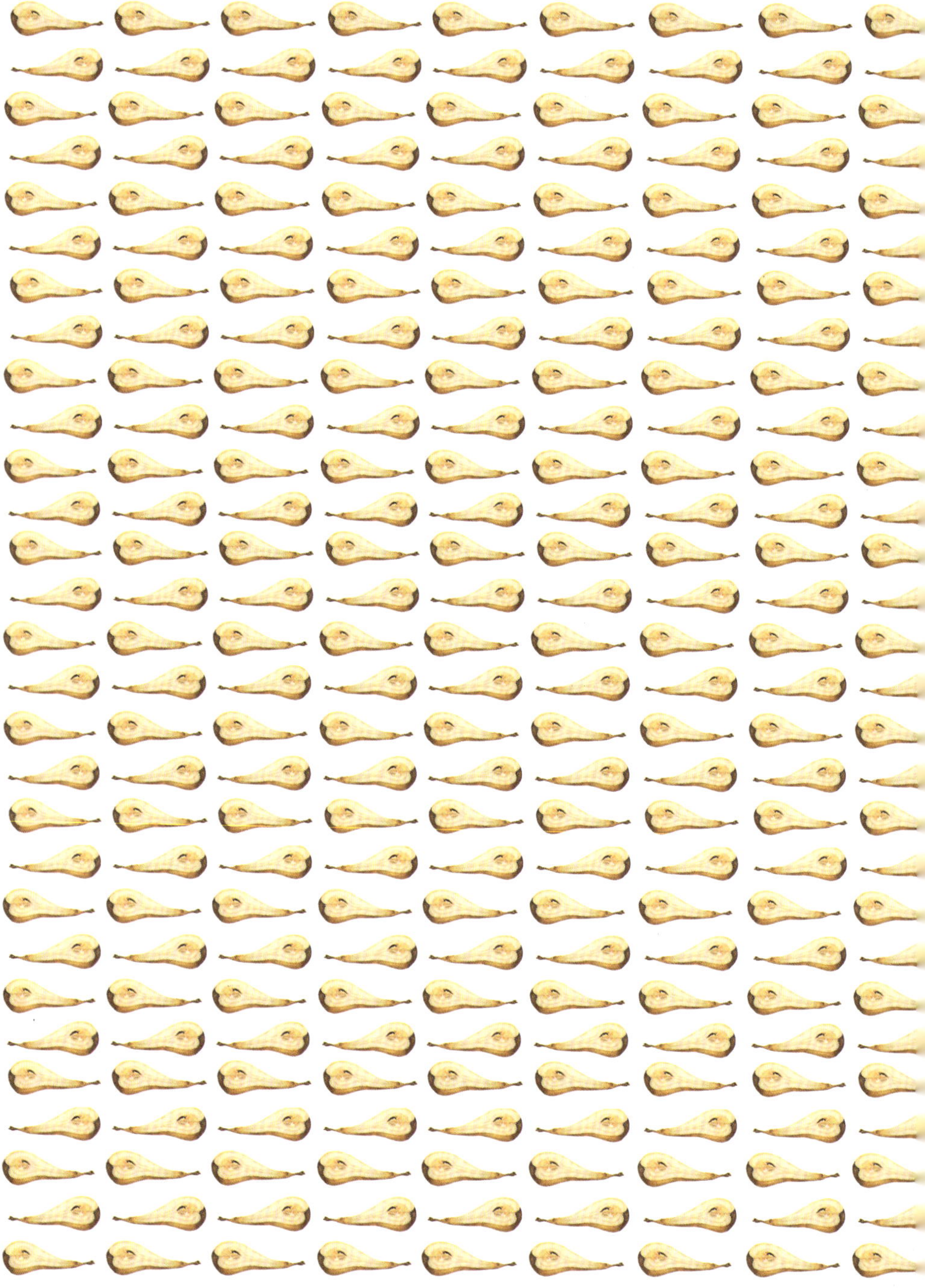